엔도르핀 팡팡
유머

지식서관

웃음을 주는 행복 바이러스 유머!

　미국의 링컨 대통령은 유머가 넘치는 인물로 잘 알려져 있다.
　그가 상원의원 선거를 치를 때, 친구들이 모여앉아 경쟁자인 더글러스와 링컨의 인품을 비교하고 있었다. 마침 그 자리에 링컨이 나타나자 친구들이 그에게 물었다.
　"자네는 보통 사람보다는 키가 유난히 크고, 반대로 더글러스는 키가 작은데, 사람의 키는 대체 어느 정도가 적당하다고 생각하는가?"
　그러자 링컨은 잠시 생각을 하더니 이렇게 대답하였다.

"글쎄, 사람의 키는 다리의 길고 짧음에 달려 있고, 다리의 길이는 땅에서부터 몸통까지 닿을 만큼만 길면 적당하지 않을까?"

친구들은 환호하며 한바탕 웃음을 터뜨리지 않을 수 없었다.

자기의 키가 크다는 것을 자랑하지도 않고, 또 키가 유별나게 작은 더글러스를 헐뜯지도 않는 유머였던 것이다.

차례 Contents

그 아들에 그 아버지 10

하느님과 백수의 대화 11

영리한 앵무새 12

하필 그날 14

이상한 유언 15

어떤 천국 풍경 16

아빠와 꼬맹이 18

피고가 한 일 20

줄 서요! 22

이상 증세 24

우리 남편 노화지수 25

오토바이 26

그럼 우선 26

다른 사람을 앞지르는 비결 29

엘리자베스 여왕과 달걀 31

거꾸로 오는 남편 32

누구의 돈 33

처녀와 마누라 34

농사 성적 35

백만 번째 손님 36

얼빠진 가이드의 애국심 37

통쾌한 응수 38

공짜에 대한 보답 40

표백제 사용 주의! 42

아내의 매력 44

매운 것을 좋아해 45

초등학생과 대학생의 차이 46

엽기 소녀 47

소를 살 때 48

작전상 후퇴 49

앗! 들켰구나 50

우리가 어린애니? 51

Contents

1004 52
불쌍한 사람 53
엽기적인 할머니 54
엄대한 사오정 55
초보 아나운서의 실수 57
암·수 구별법 58
내가 모를 줄 알아? 59
무슨 맛으로 먹냐고? 60
엄마의 실수 61
허풍의 절정 62
끝까지 들어 봐 63
최대 지하조직 64
직업별로 하는 거짓말 65
아들이 문제 66
무서운 토끼 67
번짓수가 틀렸어 69

교관과 훈련병 70
유치원의 영어 실력 71
황당한 안내 방송 72
너도 한 번 74
우리 학교에 왜 왔니? 75
고집 부릴 게 따로 있지 76
재치 있는 설교 준비 77
낱말 맞히기 78
택시보다는 트럭이 크지 79
수표 바꾸기 80
무서운 아내 81
비운의 개구리 82
변호사의 계획 83
신발 끈을 묶는 이유 85
무서운 편지 86
똑똑한 아빠 88

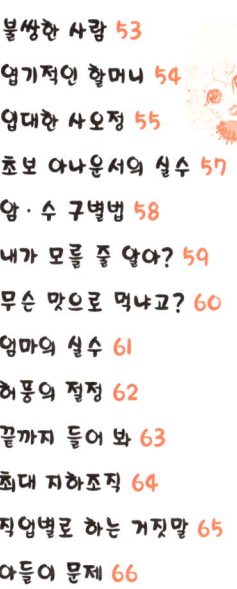

차례 Contents

비웃지 마! 89
호랑이의 자살 원인 90
할머니의 대학 평가 92
지능지수가 높은 사람 93
영리한 할머니 95
도 닦는 맹구 96
영화 보러간 유비,관우,장비 97
얌기 모녀의 스포츠 상식 99
과대 망상 100
아빠는 괜찮아 101
두 남자 102
곤란한 질문 103
같은 걸로 시작 104
극초보 의사 105
공처가의 고민 106
거짓말할 때마다 107

천국과 지옥 108
군대 가는 아들 삼형제 109
안타까운 유언 110
누구 들으라고? 111
보양식 마니아 112
안 오는 이유 113
해석은 마음대로 115
화투판의 존댓말 116
운전병의 하루 117
부러운 환각 증세 118
딸아이의 걱정 119
나와서 앞문 닫아! 120
대안이 없는데 121
이상한 계산법 122
집배원과 등대지기 123
차 비 124

6

Contents

손 씻는 이유 125
이상한 스승 126
정신 병원의 독서 감상 128
착각 129
어느 나라 사람? 130
한눈에 반했소 131
원하는 대로 132
더 빠른 길 133
동상이몽 134
하지도 않은 일 135
건망증 때문에 136
눈에는 눈으로 138
지우개 소년 139
신부감 구하기 140
누가 이상한가? 141
빨리 잊기 어려운 이유 142

개 사료 143
남편이 늦는 이유 144
잔머리 굴리기 145
술 먹고 가는 곳 146
승진 못한 판사 147
가족 정신 148
돌잡이 149
소근암 150
회전하는 자유의 여신상 151
나누기에 따라 152
그 아버지에 그 아들 153
나르시즘 154
신이시여 155
엉뚱한 대화 156
정직한 영어 실력 157
번호부터 알아야 158

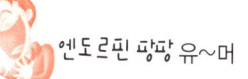

엔도르핀 팡팡 유~머

차례 Contents

사오정의 책임감 159
의외의 처방 160
닭 한 마리 161
골프와 주일 예배 163
퀴즈 셋 164
저렇게 좋은 것을 어디서? 165
딴 마음 부부 166
전쟁터에서 167
밥통 168
숫자를 셈하느라 169
승마 다이어트 170
교육의 중요성 171
곰이 착해서 172
해결사 한국인 173
집념의 토끼 175
불치 공주병 177

순수한 아이 178
불경기에 먹고 살려면 179
신라면과 포라면 180
꿈꾸기 위해 181
장래 희망 182
재미있는 지하철 이름 183
슬픈 백수 186
전화기인 줄 알고 187
반갑지 않은 가보 188
아버지의 직업 189
아름다운 오해 190
슬픈 재회 191
누드모델 192
무거운 나이 193
팬티 입은 개구리 194
할머니의 속도 위반 195

Contents

체면은 소중한 것이여 197
대체 무슨 병이기에 198
아들의 이해력 200
집에 갈 시간 201
사투리와 영어 202
안전 장치 203
지뢰 204
사람 살려! 205
확실한 장소 207
향수병 208
전공 불문 209
막장 가족 210
팔푼이 남편 212
아무 거나 눌러도 213
십일조 100% 214
재치 있는 대답 215

스물아홉이세요? 216
진짜 기적 217
아내의 가치 218
주례 사례비 219
백수의 꿈과 현실 221
이상한 약속 222

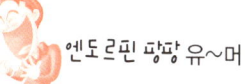

그 아들에 그 아버지

한 노인이 양복점에 들어가서 말했다.
"여기서 우리 아들이 4년 전에 양복을 맞추었는데, 아직 대금을 갚지 않았다는 게 사실입니까?"
그러자 양복점 주인은 두 손을 비벼대면서 말하였다.
"아~ 네, 그럼 아드님의 양복 값을 갚아 주시려구요?"
"아뇨, 아들과 같은 조건으로 나에게도 한 벌 해 주지 않겠소?"

하느님과 백수의 대화

어떤 백수가 하느님께 갔다.
"하느님! 하느님은 1,000억을 얼마로 생각하십니까?"
"단 1푼에 불과하지."
"그럼 1,000년은 얼마로 생각하십니까?"
"단 1초에 불과하지."
백수의 얼굴에 다급한 표정이 떠올랐다.
"하느님! 그럼 제 부탁 좀 들어 주십시오."
"무엇인고? 말해 보아라."
"네, 제게 단 1푼만 주십시오."
하느님은 어려운 일이 아니라는 듯 미소지으며 말씀하셨다.
"오냐, 1초만 기다리거라."

영리한 앵무새

한 여자가 길을 걷고 있는데 한 상점에서 앵무새가 불렀다.
"이봐, 아가씨! 정말 못생겼다."
여자는 화가 났지만 참고 그냥 지나쳤다.
다음 날 다시 그 상점을 지나치는데 앵무새가 다시 소리쳤다.
"이봐, 아가씨! 진짜 못생겼네."
여자는 다시 한 번 참고 지나갔다.
다음 날 상점을 다시 지나치는데 앵무새가 또 말했다.
"이봐 아가씨, 정말 못생겼다."
여자는 화가 머리끝까지 나서 상점으로 들어가 주인에게 말했다.

"이것 보세요. 도대체 앵무새 교육을 어떻게 시켰길래 이렇게 버릇 없이 말해요?"

상점 주인은 사과를 하며 다시는 그런 말을 안 하도록 교육을 시키겠다고 했다.

다음 날 여자가 상점 앞을 지나가는데 앵무새가 다시 여자를 불렀다.

"이봐, 아가씨."

"왜?"

그러자 앵무새가 웃으며 말했다.

"알쥐?"

하필 그 날

머리카락이 너무 없어서 항상 고민하는 한 대학생이 있었다. 대학생은 드디어 결심을 했다. 비싸더라도 머리카락을 심기로….

그래서 대학생은 4년 동안 열심히 아르바이트를 했다. 드디어 졸업할 때쯤 아르바이트한 돈을 다 털어서 긴 머리를 심었다.

그 남자는 자기 머리를 보며 흡족해했다.

움츠렸던 어깨도 활짝 펴고 기쁜 마음으로 싱글벙글 집으로 들어갔는데, 몰라보게 변한 아들을 보고 어머니가 하시는 말씀!

"얘! 너 영장 나왔어."

이상한 유언

남편이 임종을 하면서 아내를 불러 말했다.
"내가 죽은 지 한 달 후에 나는 당신이 명수와 결혼하기를 원해."
그러자 아내가 깜짝 놀라며,
"아니, 그 사람은 당신의 적이잖아요?"
그러자 남편이 태연하게 말했다.
"그래, 잘 알지. 내가 평생 동안 고통받아 왔으니 이제 그를 고통받게 해야지."

어떤 천국 풍경

한 장로가 세상을 떠나 천국에 갔다.

천국 문에 이르자 예수님께서 반갑게 맞으시며 환영해 주었다.

"오느라 수고했다."

그리고 각자에게 한 상씩 차려 주셨다.

장로가 보니 자기 교회의 집사도 상을 받아 음식을 먹고 있는데, 자세히 보니 탕수육을 맛있게 먹고 있었다.

장로는 자기 차례를 기다리면서 생각하였다.

'집사가 탕수육이면, 장로인 나는 팔보채, 해물잡탕밥쯤은 먹을 수 있겠구나!'

그런데 천사가 가져온 상을 보니 자장면 한 그릇뿐이었다.

장로는 자장면을 비비다가 화가 나서 예수님께 항의 겸 질문을 하였다.
"같은 교회의 집사가 탕수육인데, 장로인 저는 왜 자장면입니까?"
그랬더니 예수님께서 장로의 귀에다 속삭이며 말씀하셨다.
"이보게, 자네 교회의 목사도 여기 온 거 아냐?"
"아 참, 우리 목사님은 어디 계십니까?"
"자네 교회 목사는 지금 자장면 배달 나갔으니, 잠자코 먹기나 하게."

아빠와 꼬맹이

어떤 꼬맹이가 아빠를 부른다.
"아빠아……."
"왜?"
"목말라요, 물 한 잔 갖다 주시겠어요?"
"안 돼, 잘 시간이야, 불 끄자."

5분 뒤.
"아~빠아아……."
"왜?"
"목말라요! 물 한 잔만 주세요."
"안 된다고 했잖아? 다시 한 번 더 그러면 엉덩이를 때려 줄 거야."

10분 뒤.
"아아~ 빠아아아……."
"왜?!"
"내 엉덩이 때려 주러 오실 때 물 한 잔만 갖다 주세요."

피고가 한 일

 한 청년이 강도 혐의로 재판을 받는데, 링컨이 그의 변호를 맡게 되었다.
 "피고 어머니의 증언에 의하면 피고는 이 세상에 태어난 후에 한 번도 자기의 농장을 떠나 본 적이 없다고 합니다. 출생 이후부터 계속해서 농장의 일만 해 왔다는 것이지요. 그러한 피고가 멀리 떨어진 객지에 가서 강도짓을 했다는 것은 상식적으로 믿어지지 않는 일입니다."
 이렇게 링컨의 열띤 변호가 끝나자, 검사는 입장이 난처해지고 말았다. 그래서 말꼬리 하나를 잡고 늘어졌다.
 "지금 링컨 변호사의 말에 의하면, 피고는 출생 이후 한 번도 자기의 농장을 떠난 적이 없이 줄

곧 농장일만 해 왔다고 합니다. 그렇다면 피고가 어렸을 때는 도대체 농장에서 무슨 일을 했다는 겁니까?"

검사는 치사하게도 '출생 이후 줄곧'이라는 말 한 마디에 꼬투리를 잡고 늘어졌다.

링컨은 비열한 검사의 트집에 화가 치밀었다. 그리고 즉각 응수했다.

"그야 피고는 출생하자마자 바로 젖 짜는 일을 했습니다. 소의 젖이 아니라 어머니의 젖을 말이죠."

줄 서요!

부부 싸움을 심하게 한 영구가 집을 뛰쳐나가 길을 가는데 마침 영구차 두 대가 지나가고 있었다. 그 뒤로 한 남자가 엄숙하게 걷고 있었고, 개 한 마리가 뒤따라가고 있었다.

그 뒤로는 약 200명이나 되는 사람들이 줄을 지어 따라가고 있었다. 이상한 행렬에 궁금한 나머지, 영구는 영구차 뒤에 있는 남자에게 다가가 앞 영구차의 고인이 누군지 물었다.

"내 아내요."

그 남자는 대답했다.

"안됐군요, 무슨 일을 당하셨는데요?"

"부부 싸움만 하면 이 개가 아내를 물어 죽이지 뭡니까. 벌써 3번째요."

또다시 궁금해진 영구는,
"그럼 뒤차의 고인은 누굽니까?"
"장모요, 이 개가 이번에는 장모까지 물어 죽였어요."
영구는 조금 전에 한 부부 싸움이 생각나서 그 남자에게 물었다.
"이 개 좀 빌릴 수 없을까요?"
"그럼 줄 서요. 뒤따라오는 사람들이 모두 개 빌릴 사람이란 말이요!"

이상 증세

　영구는 이상한 증세가 생겨서 정신 병원을 찾아갔다.
　의사가 물었다.
　"무엇 때문에 이 곳에 찾아오셨나요?"
　"자꾸 이상한 생각을 하게 되어서요."
　"어떤 생각이오?"
　"제가 자꾸 소 같다는 생각을 하게 됩니다."
　"언제부터 그런 생각이 들기 시작했죠?"
　"송아지 때부터요……."

우리 남편 노화지수

A. 식당에서 물수건을 사용하는 방법에 따라
   10대 : 손만 닦는다.
   20대 : 입만 닦는다.
   30대 : 이마를 닦는다.
   40대 : 목을 닦는다.
   50대 : 핸드폰을 닦는다.
   60대 : 얼굴 전체를 닦는다.

B. 샤워 후 거울 보는 위치에 따라
   10대 : 얼굴을 본다.
   20대 : 가슴 근육을 본다.
   30대 : 복근을 본다.
   40대 : 나온 배를 본다.
   50대 : 이마 주름을 본다.
   60대 : 안 본다.

오토바이

 어느 국경 지대 초소. 밀수하는 자들이 많아서 항상 경계를 늦출 수 없는 곳이다. 그런데 한 청년이 이 곳을 하루에 한 번씩 꼭 드나드는 것이었다.
 그 청년은 항상 상자에 뭔가 가득 실은 채 오토바이를 타고 지나갔는데, 경비들이 그 상자를 낱낱이 조사해 봐도 상자 안에서는 모래만 가득 나올 뿐이었다.
 '분명 저 자가 뭔가 밀수하고 있는 게 틀림없는데, 모래를 밀수할 리는 없고……."
 경비는 매번 그를 그냥 통과시켜 줄 수밖에 없었다. 계속 청년이 그렇게 국경을 넘나들자 궁금해서 도저히 견딜 수 없던 경비들이 그에게 다가가 귀에 대고 은밀하게 물었다.

"당신 밀수하는 거 맞죠? 신고 안 할 테니까 제발 뭘 밀수하는지 좀 가르쳐 줘요. 궁금해 미치겠어요."
그러자 청년은 짧게 답했다.
"오토바이!'

그럼 우선

한 아기가 방바닥에 굴러다니던 연필을 삼켜 버리고 말았다. 너무 놀란 아이의 어머니는 다급하게 병원으로 전화를 했다.

"의사 선생님! 저희 집 아기가 지금 연필을 삼켰어요! 얼른 우리 집으로 와 주세요."

그러자 의사가 이렇게 말했다.

"지금은 수술 중이라서 1시간 정도 후에나 갈 수 있습니다."

"그게 무슨 말이에요? 그럼 우리는 어떡하란 말이에요!"

그러자 의사가 하는 말,

"이거 참 어떡한다? 그럼 우선 급한 대로 볼펜이라도 쓰고 계세요!"

다른 사람을 앞지르는 비결

하원 의원 선거 운동이 막바지에 이른 어느 날, 링컨 후보는 상대 후보인 카트라이트 목사가 주도하는 부흥회에 갔다.

카트라이트 후보는 소문난 웅변가로 유창한 화술을 이용해 청중들을 사로잡고 있었다. 그는 소리 높여 연설을 하다가 갑자기 이렇게 외쳤다.

"여러분, 진정으로 하나님을 사랑하며 천국에 가기를 희망하시는 분은 모두 일어서십시오."

그러나 몇 사람만이 일어서고 모두들 어리둥절하여 자리에 그대로 앉아 있었다. 청중들이 그의 말을 제대로 알아듣지 못한 것이었다.

그러자 카트라이트 목사는 연단을 주먹으로 탁 내리치면서 다시 한 번 소리쳤다.

"아니, 천국에 가기를 희망하는 사람이 겨우 몇 명밖에 안 된단 말입니까? 그러면 지옥으로 가고 싶지 않은 사람은 모두 일어서십시오."

이 말이 끝나자 이번에는 모두들 벌떡 일어섰다. 그런데 이게 웬일인가! 한 구석에 오직 링컨만이 가만히 앉아 있었다. 그것을 발견한 카트라이트 후보는 링컨을 향해 손가락을 치켜들고 소리쳤다.

"링컨 씨, 당신은 어디로 가실 겁니까?"

그러자 링컨은 태연히 대답했다.

"나는 천국보다 우선 하원으로 가겠습니다."

순간, 강당에서는 우레와 같은 박수 갈채가 터져 나왔다.

엘리자베스 여왕과 달걀

영국의 엘리자베스 여왕이 통가 제도를 방문했다. 당시 통가 제도는 영 연방으로부터의 독립을 줄기차게 요구하고 있던 중이었다.

여왕이 행사를 끝내고 리무진에 오르려는 순간, 어디선가 달걀이 날아왔다.

달걀 투척을 받은 여왕의 옷은 난장판이 되었다.

다음 날, 국회 연설이 있었다.

의원들 모두가 이 사건을 알고 있었기 때문에 사태 수습을 어떻게 해야 할지 난감해하고 있었다. 하지만 연단에 선 여왕은 이렇게 말했다.

"난 달걀을 즐기는 편입니다. 괜찮다면 다음부터는 아침 식사 시간에 주었으면 좋겠네요."

거꾸로 오는 남편

남편이 부산으로 출장을 떠났다.

부인은 집에서 우연히 교통 방송을 듣던 중 경부 고속 도로에서 차 한 대가 고속 도로를 거꾸로 타고 있으니 조심하라는 방송을 들었다.

부인은 남편에게 급히 전화를 했다.

"여보, 조심해요! 지금 당신이 오고 있는 고속 도로에서 차 한 대가 거꾸로 오고 있으니 제발 조심해요."

그러자 남편이 대답했다.

"우~씨, 한 대가 아냐, 100대도 넘어."

누구의 돈

일구는 자기가 제일 좋아하는 여자 친구와 데이트를 즐겼다.

집으로 돌아와 보니 아버지가 아직 주무시지 않고 기다리고 계셨다.

"또 여자 친구 만났냐?"

"네, 그런데 왜 그런 표정을 하고 계세요?"

"오늘 밤에는 또 얼마나 썼나 하고 생각하는 거다."

"단돈 2만 원요."

"그래, 별것 아니구나."

"그 애는 그것밖에 없었거든요."

처녀와 마누라

결혼식 날짜를 잡아 놓은 청년이 한 총각 친구와 만났다.
"드디어 총각을 면하고 마누라를 얻기로 했네."
"뭐? 마누라를 얻어? 큰일난다, 큰일나!"
"무, 무슨 소리야?"
"처녀를 얻어야지, 마누라를 얻으면 되나?"

농사 성적

한 초등 학생이 시골에 놀러 갔다.

마침 동네 정자에서 어르신들이 모여 한담을 나누고 있었다.

"금년 나락 농사는 성적이 좋다네."

듣고 있던 초등 학생이 놀랍다는 듯 어르신들에게 하는 말,

"어! 나락도 공부를 하나요?"

백만 번째 손님

 어느 할머니가 백화점 문을 들어서는 순간, 흥겨운 팡파르가 울려 퍼지며 폭죽이 터졌다.
 "아유, 이게 뭐유!?"
 깜짝 놀란 할머니가 영문을 몰라하는데 백화점 사장과 직원들이 우르르 몰려왔다.
 "축하합니다, 할머니는 1백만 번째 고객이십니다. 기념으로 1백만 원을 드리겠습니다."
 할머니는 엉겁결에 1백만 원권 수표를 받았다.
 사장이 물었다.
 "할머니, 그런데 뭘 구입하러 오셨나요?"
 "으응…, 이 물건을 물르러 왔어…."

열받은 가이드의 애국심

한국의 가이드가 일본 관광객들에게 동물원을 안내하였다. 맨 먼저 호랑이를 보여 주자, 일본 관광객이 하는 말,

"한국 호랑이는 왜 이렇게 작습니까? 일본 호랑이는 집채만한데."

열받은 가이드가 이번엔 코끼리를 보여 주자,

"한국 코끼리는 왜 이렇게 작습니까? 일본 코끼리는 산채만한데."

열라 열 뻗친 가이드는 마지막으로 이리저리 뛰고 있는 캥거루를 보여 주었다. 일본 관광객이,

"저건 뭡니까?"

하고 물었다. 그러자 가이드가 얼른 말했다.

"네, 우리 나라 토종 메뚜기랍니다!"

통쾌한 응수

미국의 케네디 대통령과 회담할 때의 일이다.

당시 소련의 수상이었던 후루시초프는 젊은 대통령을 깔보고 첫 마디에 시비를 붙였다.

"젊은 양반, 성경을 읽어 보았소?"

케네디는 카톨릭 신자였기 때문에 성경은 외울 정도로 많이 읽은 터였다.

"아, 네. 읽었습니다만."

"구약 성서 창세기에 인류 최초의 조상인 아담과 하와가 있지요?"

"물론 있지요."

"그 아담과 하와가 공산주의자였다는 걸 알고 있소?"

"어째서 그들이 공산주의자인가요?"

"그들은 에덴 동산 낙원에서 살았으니까요."

순간, 케네디는 허황된 논리에 기가 막혔지만, 곧바로 통쾌한 응수를 날렸다.

"아, 그래서 아담과 하와가 입을 옷이 없어서 벌거벗었군요. 먹을 것이 없어 겨우 사과로 끼니를 때웠군요. 게다가 집도 없어 에덴 동산에서 산 거구요."

공짜에 대한 보답

어느 착한 이발사가 있었다.
어느 날 신부님이 와서 이발을 했다.
신부님이 이발을 하고 나서 얼마냐고 묻자 이발사는 손사래를 치며 말했다.
"괜찮습니다, 신부님. 그저 하느님에 대한 봉사라고 생각해 주세요."
신부님은 고마워하고 갔다.
다음날 이발사가 돌아와 보니 가게 앞에 12개의 기도서와 함께 감사 편지를 발견했다.

어느 날, 경찰이 와서 머리를 깎고 나서 얼마냐고 물었다.
이발사는 손사래를 치며 말했다.

"괜찮습니다, 사회에 대한 봉사라고 생각해 주세요."

경찰관은 고마워하며 돌아갔고, 다음 날 그의 가게 앞에는 12개의 콜라와 감사 편지를 발견할 수 있었다.

어느 날, 국회 의원이 와서 머리를 깎고 나서 얼마냐고 묻자 이발사는 손사래를 치며 말했다.

"괜찮습니다, 국가에 대한 봉사라고 생각해 주세요."

국회 의원이 돌아간 그 다음 날, 그는 가게 앞에 공짜로 머리 깎으러 온 국회 의원 12명을 발견할 수 있었다.

표백제 사용 주의!

피부가 유난히 까만 모지란은 늘 아이들에게 놀림을 당했다. 그래서 견디다 못해 모지란은 하느님께 기도를 하였다.

"하느님, 제발 저의 얼굴을 좀 하얗게 만들어 주세요."

그러자 모지란의 꿈 속에 나타난 천사가 이렇게 말하였다.

"내가 하얀 피부를 가지는 방법을 알려 줄게. 바로 너희 집에 있는 표백제를 얼굴에 바르렴. 그럼 된단다."

"아, 그래요? 감사합니다!"

모지란은 천사의 말이었기 때문에 당장 표백제를 얼굴에 마구 문질렀다.

그런데 이게 웬일인가?

새까만 얼굴이 더 새까맣게 되어 버린 것이다.

'믿을 수 없어! 천사가 거짓말을 했단 말이야?'

모지란은 표백제의 설명서에 씌어진 글을 읽어 보았다.

거기에는 이렇게 씌어 있었다.

'흰 것은 더 희게, 까만 것은 더 까맣게!'

아내의 매력

한 중년 부부가 TV에서 미스 코리아 선발 대회를 보던 중 부인이 남편에게 물었다.
"당신은 나의 어떤 점이 좋아서 결혼했어? 7번 같은 뛰어난 미모? 아니면 12번 같은 순수한 자연미?"
남편이 조용히 입을 열었다.
"당신의 그런 유머 감각 때문이야."

매운 것을 좋아해

만득이가 자기를 자꾸 미워하자 하루는 귀신이 만득이를 죽이려고 결심했다.

그래서 세상에서 제일 매운 고추장으로 떡볶이를 해서 만득이를 초대했다.

그런데 만득이가 떡볶이를 너무나도 맛있게 먹는 것이었다. 당황한 귀신이 어쩔 줄 몰라하는데, 만득이가 물었다.

"이 고추장 어디서 났어? 너무 맛있다."

그러자 우울해진 귀신 왈,

"비결은 아무도 몰라, 며느리도 몰라."

초등학생과 대학생의 차이

초등학교 시험에 이런 문제가 나왔다.

'내가 ( )( ) 돈은 없지만, 마음만은 부자라네.'

빈 칸 채우기인데 대부분의 초등학생들은 정답을 맞혔다.

답은 (비)(록)이었다.

그런데 이 문제를 대학생들에게 내면 거의 다 틀린다고 한다.

대학생들이 대답한 가장 많은 수의 오답은 (C)(8)이었다.

'내가 (C)(8) 돈은 없지만, 마음만은 부자라네.'

엽기 소녀

엽기 소녀가 집에 가려고 버스를 탔다. 자리가 다 차서 문 바로 옆 한 칸 남은 곳에 앉았다. 몇 분 뒤, 어떤 아주머니가 버스에 올라탔다.

그 아주머니는 엽기 소녀 앞에 서서 다리가 아픈 척 울상을 짓고 있었다. 엽기 소녀가 모른 척 시치미를 떼자 아주머니가 화를 내며 말했다.

"어디서…, 아주머니가 서 있는데 안 비켜?!"

그래도 엽기 소녀는 눈을 동그랗게 뜨고는 가만히 앉아 있었다. 그러자 더 열받은 아주머니가 소리쳤다.

"어디서 눈을 동그랗게 떠?"

그러자 엽기 소녀가 하는 말,

"그럼 아줌마는 눈을 네모로 뜰 수 있어요?"

소를 살 때

우시장에 구경을 간 아들과 아버지.
"아빠! 사람들은 왜 소를 살 때 허리와 엉덩이를 만지고 그러죠?"
"응, 그건 사람들이 저 소를 살 생각이 있어서 그런 거란다."
며칠 후…….
아들이 아빠에게 달려와서 말했다.
"아빠! 옆집 형이 우리 누나를 사려고 해요!"

작전상 후퇴

20대 중반의 트럭 기사가 구멍가게에 들어가 빵과 우유를 먹고 있었다.

그런데 폭주족 대여섯 명이 가게로 불쑥 들어오더니, 트럭 기사가 마시던 우유와 빵을 무자비하게 집어먹는 것이었다.

그러자 잔뜩 겁을 먹은 트럭 기사는 얼굴이 벌개져 밖으로 나갔다.

"시원찮은 녀석, 겁먹긴. 으하하."

그러자 가게 주인이 고개를 끄덕이며 말했다.

"그 사람 그것만 시원찮은 게 아녀."

"네?"

"운전 솜씨도 시원찮아. 자네들 오토바이 다섯 대 모조리 트럭으로 깔아 뭉개고 갔어."

앗! 들켰구나

옛날에 왕과 우의정이 세상 물정을 알아보려고 상놈 행세를 하고 돌아다녔다.

한참을 돌아다니던 왕과 우의정은 날이 어두워지자 주막으로 갔다.

그런데 주막 기둥에 다음과 같은 글이 적혀 있는 게 아닌가.

'손님은 왕이다.'

우의정이 왕에게 말했다.

"마마, 들켰사옵니다."

우리가 어린애니?

3살짜리 여자애와 남자애가 길을 가고 있었다.
그런데 갑자기 남자애가 여자애에게 달려들어 뽀뽀를 했다.
여자애가 당황해하며 말했다.
"야! 너, 나 책임질 수 있어?"
그러자 남자애가 씩씩하게 대답했다.
"당연하지, 우리가 한두 살 먹은 어린애니?"

1004

사오정과 저팔계가 산책을 나왔다.
그때 저팔계에게 호출이 왔다.
호출기에 찍힌 번호는 1004.
그걸 본 오정이가 팔계에게 하는 말.
"야, 백사가 뭐니?"

불쌍한 사람

매일 아내에게 맞고 살던 공처가가 눈에 눈물이 가득 고인 채 친구를 찾아왔다.
"아니! 자네 또 왜 그러나?"
공처가가 심하게 울먹이며 말했다.
"우리 옆집 남자가 불쌍해서 그래."
궁금해진 친구가 다시 물었다.
"옆집 남자가 많이 다치기라도 했어?"
그러자 공처가는 울음을 멈추며 말했다.
"아니! 어젯밤에 내 마누라와 도망을 쳤어."

엽기적인 할머니

옛날에 매일 싸우는 노 부부가 있었다. 어찌나 무섭게 싸우는지 이웃들이 모두 알고 있었다.
그런데 할아버지는 항상 싸울 때마다 소리쳤다.
"내가 먼저 죽으면 무덤을 파고 올라와서 당신 죽을 때까지 따라다닐 거야!"
그러던 어느 날 갑자기 할아버지는 죽었다.
할머니는 장례식을 치른 후 마을 사람들과 축하 파티를 열었다. 이웃 사람들이 할머니에게 물었다.
"할머니, 무섭지 않으세요? 할아버지가 무덤 파고 올라와서 따라다니신다고 했잖아요!"
그러자 할머니가 하는 말,
"헤…! 그 영감탱이 열심히 땅이나 파라고 해! 내가 관을 뒤집어서 묻었으니까…!"

입대한 사오정

사오정이 군에 입대를 했다.

훈련소에서 훈련을 마치고, 이등병이 된 사오정은 자대 배치를 받고, 본부 소속의 상황병으로 근무하게 되었다.

어느 날 저녁 행정반에서 전화를 받은 사오정,

"중대장님! 지금 위병소로 정체 불명의 장갑차가 들어온다는데유!"

중대장은 모든 병력을 동원하여 길목을 지켰다.

잠시 후에 장갑차 대신 '짠밥차'가 휘리릭… 하고 지나갔다.

"이런 바보 같은 녀석이 있나!"

너무도 화가 난 중대장은 사오정에게 완전 군장으로 연병장을 돌도록 시켰다.

두어 시간 동안 열심히 달리는 사오정을 보니 측은한 마음이 든 중대장,
"특별히… 군기 교육은 보내지 않겠다. 한 시간 동안 반성문 써 와!"

한 시간 후.
사오정은 '방독면'을 쓰고서 마구 뛰어오고 있었다.

초보 아나운서의 실수

처음으로 초보 아나운서가 스포츠 뉴스 진행을 맡았다.
첫 생방송이라 너무 긴장한 나머지 몇 번이나 외웠던 문장을 그만 잘못 읽고 말았다.
"오늘 내리기로 한 소나기는 프로 야구 관계로 모두 취소됐습니다."

암·수 구별법

부엌에 들어가 보니 남편이 파리채를 들고 어슬렁거리고 있었다.
"뭐하는 거예요?"
아내가 물었다.
"파리를 잡고 있잖아."
남편이 대답했다.
"그래, 파리를 잡기는 했고요?"
"그럼, 수컷 셋하고 암컷 둘을 잡았지."
호기심이 발동한 아내가 눈을 반짝이며 물었다.
"그것을 어떻게 알아요?"
그러자 남편이 말했다.
"셋은 맥주 깡통에 있었고, 둘은 전화기에 있었거든."

내가 모를 줄 알아?

남편의 말을 무조건 의심하는 여자가 있었다.

이런 아내의 성격을 잘 아는 남편이 하루는 실컷 바람을 피운 뒤 손에 흰 파우더를 칠하고 집으로 들어갔다.

새벽에 방문을 열자, 아니나다를까 부인의 취조가 시작됐다. 그는 죽기 아니면 까무러치기로 사실을 얘기했다.

"술집에 갔다가 멋진 여자를 만나서 주거니 받거니…. 너무 취해서 여관까지…."

"시끄러워요. 당신 지금까지 당구장에 처박혀 있었잖아? 내가 모를 줄 알아?"

무슨 맛으로 먹냐고?

형제 개구리가 살았는데 형 개구리는 파리를 안 잡아먹고 밤낮 벌만 잡아먹는 게 아닌가.
동생 개구리가 이상해서 물었다.
"형은 무슨 맛으로 벌만 먹지?"
그에 형 개구리가 대답했다.
"톡 쏘는 맛으로."

엄마의 실수

 김 순경이 야간 순찰을 하는데 잠옷 바람의 꼬마가 대문 앞에 앉아 울고 있었다.
 김 순경은 이상해서 꼬마에게 물었다.
 "너, 여기서 뭐하니?"
 "부모님들이 싸우고 있어서 피해 나온 거예요. 물건도 던지고 무서워요."
 "쯧쯧, 너의 아버지 성함이 뭔데?"
 "글쎄, 그걸 몰라서 저렇게 엄마와 싸우시는 거지 뭐예요!"

허풍의 절정

경제 한파로 매기가 없자, 부동산 중개인들은 단 한 건이라도 올리려고 눈에 불을 켰다. 그 날도 역시 집을 보러 온 부부에게 갖은 말과 애교를 부려가며 허풍을 떨고 있었다.

"이 동네는 너무 깨끗하고 아름다운 곳입니다. 공기가 신선하고 쾌적하죠? 그래서 여기에 사는 사람들은 절대 병에 걸리지 않아요. 그래서 죽는 사람이 없답니다. 어떠세요? 계약……?"

바로 그때! 장례 행렬이 지나가는 것이 아닌가!

너무 당황한 중개인. 하지만 그는 침착하게 행동했다. 그러고는 한숨을 한번 내쉬며 말했다.

"쯧쯧쯧…." "가엾은 의사 선생…. 환자가 없어 굶어죽다니."

끝까지 들어 봐

의처증이 심한 남편이 아내만 남겨둔 채 해외 출장을 갔다 돌아오면서 자신의 아파트 수위에게 물었다.
"내가 출장 간 사이 누구 찾아온 사람 없었죠? 특히 남자 같은……."
수위 아저씨가 시큰둥하게 대답했다.
"없었는데요. 자장면 배달 청년만 이틀 전에 한 번 왔었어요."
남편은 안도의 한숨을 내쉬며 말했다.
"후유, 안심이군요."
그러자 수위 아저씨 역시 한숨을 내쉬며 말했다.
"그런데 그 청년이 아직 안 내려왔어요."

최대 지하조직

문 : 우리 나라의 최대 '지하 조직'은 무엇일까요?
답 : 서울시 지하철공사

직업별로 하는 거짓말

간호사 : 이 주사는 하나도 아프지 않아요.

교장 선생님 : (월요일 전체조회 때) 마지막으로 한마디만 더 하겠다.

스튜어디스 : 승객 여러분, 사소한 문제가 발생했습니다.

친구 : 이거, 너한테만 말하는 거야.

A/S 기사 : 이런 고장은 처음 보는데요.

아들이 문제

어떤 아주머니가 아주 못생긴 아들을 데리고 버스를 탔다. 그런데 이놈의 기사가 운전을 하면서 계속 자신의 아들을 보고 웃는 것이 아닌가!

부모 된 입장에서 어찌나 화가 나는지 아주머니는 그 버스 회사의 사장에게 따지러 갔다.

"이봐요, 어떻게 기사들 교육을 시켰기에 이런 일이 일어난단 말이오?"

버스 회사 사장이 머리를 숙이며 사과했다.

"죄송합니다, 손님. 그 기사의 인상 착의나 버스 번호를 여기에 주시면 조치를 취하겠습니다."

그러고 나서 사장은 한마디 덧붙였다.

"아주머니, 글을 쓰실 동안 안고 계시는 원숭이는 제가 들고 있겠습니다."

무서운 토끼

3일 동안 굶은 호랑이가 있었다.
먹이를 찾아다니다가 드디어 어설프게 쭈그리고 있는 토끼를 보고 한 발에 낚아챘다.
그런데 이때 토끼가 하는 말,
"이것 놔, 새꺄!"
순간 어안이 벙벙해진 호랑이는 토끼를 놓아 주었다. 상상도 못할 황당한 말에 호랑이는 큰 충격을 받았다.
다음 날 충격에서 깨어나지 못한 채로 방황하던 호랑이. 드디어 또 토끼를 발견하고 역시 한발로 낚아챘다.
그러자 토끼,
"나야, 새꺄!"

또다시 충격에 휩싸인 호랑이는 그 토끼를 놓아 주었다.

그리고 다짐을 했다. 다신 절대 놓아 주지 않겠다고······.

다음 날 또 토끼를 잡았다.

이번에는 그 토끼가 아니었다. 분명히 다른 토끼였다. 그런데 호랑이는 그 토끼가 한 말에 쇼크를 받고 그만 죽어 버렸다.

토끼가 한 말인즉슨······,

"소문 다 났어, 새꺄!"

번짓수가 틀렸어

한 캠퍼스 커플이 도서관에서 공부보다는 다른 일에 열중이었다.

손을 붙잡지를 않나, 부둥켜안지를 않나…. 정말 가관이었다. 나중에는 정말 눈 뜨고 볼 수 없는 장면까지 연출하고 있었다.

그러자 참다 못한 옆자리의 우락부락한 학생이 한마디 했다.

"야!! 도서관이 무슨 여관이냐!"

그러자 그 학생 옆에서 잠자코 있던 다른 학생이 입가에 흐르는 침을 닦으며 일어나더니 말했다.

"우~씨, 도서관에서 잠도 못 자냐?"

교관과 훈련병

작대기 하나를 달기 위해 그 모진 고생을 다 하며 벌벌 기어 다니던 훈련소 시절. 교관이 훈련병들에게 무서운 목소리로 명령을 내렸다.

"앞으로 사회에서 쓰던 말투는 버려라. 모든 대답은 '다'와 '까'로 끝맺는다. 예컨대 '예, 그렇습니다. 저 말씀이십니까?' ……알아듣겠나!"

그런데 한 훈련병의 대답이 확 튀었다.

"알겠다."

교관의 눈꼬리가 무섭게 위로 솟구쳐올랐다.

"이런 정신 나간 새꺄! 여기가 사회인 줄 아나? 모든 질문은 항상 '다'와 '까'로 끝난다니까!"

그러자 자신만만하게 대답하는 훈련병.

"알았다니까!"

유치원의 영어 실력

어느 유치원의 영어 시간이었다. 선생님은 손가락을 쫙 펴고 아이들에게 물었다.
"여러분~ 이걸 영어로 뭐라고 하죠?"
"핑거요!"
아이들은 한 목소리로 크게 대답했다.
선생님은 움찔할 수밖에 없었다.
'헉…! 조기 교육이 무섭긴 무섭군.'
이번엔 회심의 미소를 지으며 주먹을 꽉 지고 물었다.
"자~ 이번엔 이걸 뭐라고 할까요?"
더 커진 음성으로 아이들이 신나서 말했다.
"안 핑거요…."

황당한 안내 방송

 비행 중이던 여객기에서 기장의 안내 방송이 있었다.
 "승객 여러분, 안타깝게도 비행기의 연료가 떨어져서 곧 바다로 추락할 것 같습니다."
 당연히 승객들은 당황했지만 잠시 후 기장의 말에 위안이 되었다.
 "승객 여러분, 저희 비행기는 비상 사태에 만반의 준비가 돼 있습니다. 수영을 할 줄 아는 승객은 오른편에, 수영을 못하는 승객은 왼편으로 좌석을 바꿔 주시기 바랍니다."
 자리 이동이 있은 후 곧 비행기는 바다로 불시착하였다.
 다시 기장의 안내 방송이 흘러나왔다.

"방금 비행기가 추락했습니다. 기내 오른편에 앉은 수영할 줄 아는 승객분들은 비상구를 열고 빨리 수영해서 빠져 나가십시오! 기내 왼편에 계신 수영 못 하는 승객분들, 저희 항공사를 이용해 주셔서 감사합니다."

너도 한번

재치 있기로 소문난 남자가 새벽 4시에 전화 소리 때문에 잠이 깼다.

"당신네 개가 짖는 소리 때문에 한잠도 못 잤소."

전화를 건 사람이 화난 목소리로 말했다.

"전화해 줘서 고맙습니다."

재치 있는 사람은 정중하게 인사한 뒤, 전화 건 사람의 이름과 전화 번호를 물었다.

다음 날 새벽 4시.

재치 있는 남자가 이웃 사람에게 전화를 걸어 잠을 깨운 뒤 이렇게 말했다.

"선생님, 우리 집엔 개가 없습니다."

우리 학교에 왜 왔니?

방학을 맞은 어느 서울대 학생이 집에서 가까운 다른 A대학교 도서관에 공부하러 갔다.

열심히 공부를 하다가 화장실에 볼일을 보러 간 이 학생, 장난삼아 화장실 벽에 낙서를 했다.

'최고의 대학, 서울대 만세!'

그리고 며칠 뒤 그 학생이 다시 A대에 갔다.

자신이 낙서한 화장실에 어떤 반응이 있을까 궁금해 들어가 보았다.

그런데 그 곳에는 이런 글이 적혀 있었다.

'니네 학교 가서 똥 싸.'

고집 부릴 게 따로 있지

어두운 어느 날 밤 항해를 하고 있던 선장이 저 멀리 희미한 불빛을 보고 신호를 보냈다.
"방향을 20도 바꾸시오!"
그러자 저 쪽에서도 신호가 왔다.
"당신들이 바꾸시오!"
기분이 몹시 상한 선장은 다시 신호를 보냈다.
"난 이 배의 선장이다!"
그러자…,
"난 이등 항해사다!"
더욱 머리 끝까지 열받은 선장.
"이 배는 전투함이다! 당장 항로를 바꿔라!"
그러나 저 쪽의 신호에 선장의 얼굴은 벌개졌다.
"여긴 등대다!"

재치 있는 설교 준비

한 목사님이 예배가 끝날 무렵 말씀하셨다.
"다음 주에는 거짓말하는 죄에 대해 설교하려 합니다. 마가복음 17장을 미리 읽고 오셨으면 좋겠습니다."
그 다음 주 일요일, 설교가 시작되기 전에 목사님은 얼마나 많은 사람들이 마가복음 17장을 읽고 왔는지 알고 싶다고 했다.
"17장을 읽고 온 사람은 손을 들어 보세요."
그러자 대부분의 신도들이 손을 들었다.
목사님은 웃으면서 말하셨다.
"마가복음은 16장까지밖에 없습니다. 자, 이제 거짓말하는 죄에 대한 설교를 시작하겠습니다."

낱말 맞히기

어느 할아버지와 할머니가 TV 낱말 맞히기 프로그램에 출현하고 있었다.

할아버지에게 사회자가 던진 제시어는 '천생 연분'이었다. 아무리 설명해도 할머니가 도통 알아듣지를 못하자, 할아버지는 마지막으로,

"우리 같은 사이를 뭐라고 하지?"

하고 물었다.

"웬수!"

할머니는 거침없이 대답했다.

할아버지는 안타까워하면서 손가락 넷을 펴 네 글자임을 암시했다.

그러자 할머니가 자신 있게 대답했다.

"평생 웬수!"

택시보다는 트럭이 크지

초등학교 때 김국도의 꿈은 택시 운전기사가 되는 것이었다. 김국도의 엄마는 아들의 꿈을 바꿔 주려고 말했다.

"국도야, 김영삼 대통령은 어렸을 때부터 '미래의 대통령'이라고 써붙여 놓고 열심히 노력해 지금 대통령이 된 거란다.

그러니 너도 좀더 큰 꿈을 가지고 열심히 공부해 훌륭한 사람이 되어야겠지?"

다음 날 김국도의 필통에는 장래의 큰 꿈이 씌어 있었다.

'트럭 운전 기사'

수표 바꾸기

어떤 부인이 은행 출납계에 가서 수표를 바꿔 달라고 했다.
은행 직원이 부인에게 말했다.
"수표 뒷면에 성함과 전화 번호를 적어 주세요."
부인은 말했다.
"수표 발행자가 바로 제 남편이란 말예요."
"아! 네, 그렇습니까? 그렇지만 수표 뒷면에 이서를 하셔야만 나중에 남편께서 이 수표를 누가 현금으로 바꿔 갔는지 아시게 됩니다."
그제야 알아들었다는 듯 부인은 고개를 끄덕이며 수표 뒷면에다 다음과 같이 적었다.
'여보, 저예요.'

무서운 아내

"지금 막 두 번째 남편을 땅에 묻고 오는 길이에요."
찜질방에서 한 여자가 으스대며 말했다.
"아니, 저런! 그런데 남편이 왜 돌아가셨죠?"
사람들은 궁금해하며 물었다.
"첫번째 남편은 독이 든 버섯을 먹고 죽었고, 두 번째 남편은 총에 맞아 죽었어요."
"네? 총에 맞았다고요? 어떻게 그런 일이 벌어졌죠?"
여자는 어깨를 한번 으쓱하더니 말했다.
"자식이 버섯을 먹지 않겠다고 버티잖아요!"

비운의 개구리

외로운 개구리 한 마리가 전화 상담 서비스에 전화를 해서 그의 장래에 대해 물었다.

상담 전화를 받은 사람은 이렇게 말했다.

"당신은 당신에 대해 모든 걸 알고 싶어하는 아름다운 소녀를 만날 것이오."

개구리는 정말로 기뻐서 어쩔 줄을 몰랐다.

"와, 정말 잘 됐네요. 그러면 파티 같은 곳에서 만나게 되나요?"

"아닙니다, 생물 시간에 만나게 될 것이오."

변호사의 계획

나사(NASA)가 화성에 보낼 전문가들을 인터뷰하고 있었다. 문제는 단 한 명만 갈 수 있고, 일단 가면 돌아올 수 없다는 것이었다.

면접관이 만난 첫번째 지원자는 엔지니어였다.
"화성에 가는 대가로 얼마를 받고 싶습니까?"
"백만 달러요. 그리고 그 돈을 모교인 라이스 대학에 전액 기부하고 싶습니다."
엔지니어는 이렇게 대답했다.

두번째 지원자는 의사였다.
"2백만 달러요. 1백만 달러는 가족에게, 그리고 1백만 달러는 의학 연구의 발전을 위해 남기고 싶습니다."

마지막 지원자는 변호사였다.

"얼마를 받고 싶습니까?"

질문을 받은 변호사는 면접관의 귀에 대고 속삭였다.

"3백만 달러요."

"왜 당신은 다른 사람보다 그렇게 많이 받아야 하지요?"

"나한테 3백만 달러를 주면, 1백만 달러는 당신한테 주고, 1백만 달러는 내가 갖고, 화성에는 엔지니어를 보내려고요."

신발 끈을 묶는 이유

미국 북부 산 속의 숲을 두 사람이 걷고 있었다.
이때, 바로 앞에 사납게 생긴 곰이 한 마리 나타났다.
동료가 엎드려 신발 끈을 단단히 다시 동여매자 다른 친구가 말했다.
"자네, 정신 나갔나? 저 곰보다 빨리 뛸 수 있을 거라고 생각해?"
친구가 대답했다.
"물론 불가능하지, 근데 자네보단 빨리 뛰어야겠지!"

무서운 편지

어느 신혼 부부 집에 편지 한 장이 날아들었다. 부부가 내용을 보니 다음과 같았다.

'결혼을 진심으로 축하합니다.
지금은 사정이 있어 제 이름을 밝힐 수 없습니다.
그러나 제가 누구인지는 곧 아시게 될 것입니다.
저는 두 분을 잘 알고 있습니다.
그래서 연극 관람권 두 장을 보내드립니다. 사양 마시고 오늘 밤 꼭 관람하시기 바랍니다.
연극을 보고 오시면 제가 누구인지는 저절로 알게 될 것입니다.'
부부는 장난기 많은 친구가 재미로 이와 같은 편지를 보냈을 거라 생각했다.

"가 보면 만나게 되겠지."

기쁜 마음으로 연극 구경을 마치고 부부는 집으로 돌아왔다.

와 보니 집 안의 값비싼 물건이 죄다 없어져 있었다.

똑똑한 아빠

아빠랑 어린 철수랑 TV를 보고 있었다.
그런데 뉴스에서 '헤드 라인' 뉴스가 나오는 것이었다.
"아빠, 헤드가 뭐야?"
철수가 물었다.
"헤드? 헤드는 머리란다."
"그럼…… 라인은?"
"라인? 라인은 선이라는 뜻이지."
철수가 곰곰 생각을 하더니 다시 물었다.
"그럼 헤드 라인은?"
아빠가 철수 머리를 쥐어박으며 하는 말,
"이놈아, 하나를 가르쳐 주면 둘을 알아야지! 가르마잖아!"

비웃지 마!

대머리인 맹구가 길거리에서 발모제를 팔고 있었다. 지나가던 사람들이 이것을 보고 비웃으며 떠들었다.
"푸하하, 대머리 주제에 발모제를 팔다니 진짜 웃기는군."
그러자 맹구가 말했다.
"그렇다면 브래지어를 파는 사람은 꼭 유방이 있어서 팝니까?"

호랑이의 자살 원인

호랑이 한 마리가 있었다.
그런데 자기가 호랑인지 아닌지 잘 몰랐다.
'100종의 동물에게 물어 보고 만약 호랑이가 아니라고 하면 자살해 버려야지!'
맨 먼저 토끼에게 물어 보았더니 호랑이가 맞다고 했다.
호랑이는 흐뭇한 기분이 되었다.
여우에게 물어 보니 역시 호랑이가 맞다고 했다. 호랑이는 싱글벙글 기분이 좋았다.
계속 물어 보니 99종류의 동물은 자기가 호랑이라고 대답을 했다.
마지막 100번째는 만물의 영장인 사람에게 물어 보기로 했다.

38선 안에서 겨우 한 사람을 만나게 되었는데 북한군 특수병이었다.

호랑이가 그에게 물었다.

"한마디 여쭙겠는데요, 제가 호랑이 맞나요?"

특수병은 호랑에게 뭐라고 말했고, 그 말을 듣자마자 호랑이는 자살해 버렸다.

그 북한군 특수병이 뭐라고 했을까?

"비키라우! 개새끼야!"

할머니의 대학 평가

친구로 보이는 두 학생이 버스를 탔다. 한참을 가다가 할머니 한 분이 올라타셨다.
"할머니, 이 쪽으로 앉으세요."
"학생, 고마워."
잠시 후, 할머니가 말을 건넸다.
"학생, 어느 학교 다니는가?"
"충남대에 다니는데요."
"오, 좋은 학교 다니는구먼. 그럼 학생은 어디 다니는가?"
옆에 있던 학생이 대답했다.
"과학기술대에 다니는데요."
할머니가 그 학생을 측은하게 쳐다보며.
"그리여, 공부 못하면 기술이라도 배워야지."

지능지수가 높은 사람

한밤중 인적이 드문 곳에서 차 두 대가 모두 도로의 백색 중앙선을 약간 넘었다.

두 차는 충돌했고, 비록 아무도 다치지는 않았지만 차는 상당한 손상을 입었다. 그러나 어느 한 쪽에 책임을 따지기는 불가능했다.

그들은 둘 다 차 밖으로 나왔다.

한 사람은 의사였고 다른 한 사람은 변호사였다.

변호사는 카폰으로 경찰을 불렀다.

"경찰이 20분 후에 도착한다고 합니다."

습기 차고 추운 날씨여서 두 사람 모두 몸이 떨렸다.

변호사는 뒷주머니에 넣고 다니던 브랜디 병을 의사에게 주면서 한 모금 권했다.

의사는 받아서 마시고 변호사에게 병을 돌려 주었다.
변호사는 그 병을 호주머니에 넣었다.
"당신은 마시지 않습니까?"
의사가 묻자 변호사는 고개를 저으며 말했다.
"경찰이 도착한 다음에요."

영리한 할머니

할아버지와 할머니가 살았다. 밤마다 싸우는데 이기는 사람은 항상 할머니였다.

한이 맺힌 할아버지가 한번 이겨 보려고 한 가지 제안을 했다.

그건 다름아닌 오줌 멀리 싸기 시합이었다.

하지만 남자임에도 불구하고 할아버지는 또 지고 말았다.

그 이유는 할머니가 내뱉은 말 때문이었다.

"손대기 없기."

도 닦는 맹구

플레이보이 맹구가 그 동안의 사생활을 정리하고 입산 수도에 들어갔다.

몇 년의 세월이 흐른 뒤 맹구가 제대로 수도 중인가를 확인하기 위해 후배 플레이보이 영구가 몰래 찾아가 보았다.

그런데 수도 생활을 한다던 맹구가 각종 도색잡지를 쌓아 놓고 탐독하고 있는 게 아닌가!

보다 못한 영구가 발끈해서 맹구에게 따졌다.

"형님, 명색이 입산 수도한다면서 이래가지고야 뭐가 되겠소?"

그러자 맹구가 태연하게 대답했다.

"얘, 너는 단식한다고 메뉴판도 안 보니?"

영화 보러 간 유비, 관우, 장비

유비, 관우, 장비가 생전 처음으로 같이 극장에 갔다.
"장비야! 네가 막내니까 매표소에 가서 표 좀 사 와라."
유비의 말에 관우도 거들며 말했다.
"그래, 장비야! 나이 먹은 형님들은 갈 수 없잖아? 네가 얼른 갔다 와라!"
"네, 알았어요, 형님들!"
그런데 한 시간이 지나도 장비가 돌아오지 않았다. 걱정이 된 유비와 관우는 매표소 앞으로 가 보았다.
가서 보니 장비가 극장을 거의 다 때려 부수고 있는 게 아닌가!

"장비야! 이게 무슨 짓이냐?!"
장비가 화를 참지 못하고 씩씩대며 말했다.
"저 여자가 조조만 할인해 준다잖아요!"

엽기 모녀의 스포츠 상식

부산 아시안 게임에서 남자 400m 계주를 보고 있었다.

한국이 약한 종목이라 다른 나라들끼리 하는 경주를 재미없게 보고 있었다.

엄마는 거실을 이리저리 청소하고 계셨고 누나는 컴퓨터를 하고 있었다.

잠시 후 누나가 방에서 물었다.

"무슨 경기 해?"

그러자 엄마가 청소를 하시다가

"마라톤인가벼…."

엄마의 대답에 속으로 웃고 있던 차에 누나의 한 마디에 뒤집어졌다.

"몇 대 몇이야?"

과대 망상

김팔봉이 경찰관이 되려고 시험을 치렀다.
간신히 필기 시험에 합격하여 며칠 뒤 면접을 보게 되었다.
"자네, 링컨이 누구한테 피살당했는지 아나?"
시험관의 질문에 팔봉이는 이렇게 대답했다.
"저, 내일 오전 안으로 알려드리겠습니다."
시험관은 어이가 없다는 표정을 지었다.
그런데 그 날 집으로 돌아온 팔봉이는 자기 아내에게 이렇게 말하는 것이었다.
"여보, 나 첫날부터 사건 맡았어. 링컨 살해범을 잡아야 돼."

아빠는 괜찮아

어느 여름날 파도가 부서지는 바닷가로 엄마·아빠·아들 세 식구가 피서를 갔다.

"엄마, 나도 수영하고 싶어요."

아들의 말에 엄마가 화들짝 말리며 말했다.

"안 돼, 여긴 파도가 너무 높아서 위험해."

아들은 멀리서 신나게 헤엄치고 있는 아빠를 부러운 듯 가리키며 말했다.

"그렇지만 아빤 저렇게 헤엄치고 있잖아?"

"얘는! 아빤 보험 들었잖니!"

"네…?"

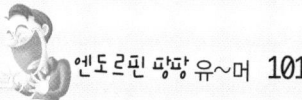

두 남자

병원 응급실로 두 남자가 헐레벌떡 달려왔다.
한 남자는 골프공이 목에 걸려 있었다.
의사가 골프공을 빼내려 몹시 애쓰며 또 다른 남자에게 물었다.
"댁은 이분의 보호자 되시나요?"
그러자 남자는 담담하게 답했다.
"아니에요, 저는 그 골프공 주인입니다."

곤란한 질문

아이가 아침을 먹다가 갑자기 엄마에게 궁금한 걸 물었다
"엄마, 엄마. 왜 아빠 머리엔 머리카락이 조금밖에 없어?"
"응 그건 생각을 많이 해서 그런 거란다."
엄마는 대머리 남편에 대한 변명치고는 아주 명답이라고 흐뭇해하고 있는데, 아이가 엄마에게 다시 질문했다.
"근데, 엄만 왜 그렇게 많아?"

같은 걸로 시작

영구는 중학교 때 슈베르트의 '숭어'를 배우고 시험을 치를 때였다.

슈베르트의 '숭어'를 외우기가 힘들어서 둘 다 처음에 'ㅅ'으로 같은 글자로 시작한다는 것만 외우고 시험을 보게 되었다.

그런데 이게 웬 일인가?

막상 시험에 나온 건 슈베르트가 아니라 베토벤이었던 것이다.

'같은 걸로 시작한다'는 것만 머릿속을 맴돌 뿐… 도통 생각이 안 나는 영구.

그래서 고심 끝에 적은 답은…,

'베토벤 —붕어'

극초보 의사

병원에서 맹장 수술을 하기 직전 탈출을 하다가 잡힌 환자가 있었다.
"아니 아저씨, 수술을 하시기 직전에 도망을 치시면 어떻게 해요?"
"당신도 그런 말을 들어 봐요. 어떻게 도망을 안 치나…."
"무슨 말을 들었는데 그래요?"
"글쎄, 간호사가 이러잖아요. …맹장 수술은 간단한 것이니까 너무 염려하지 말아요."
"그런 말이야 당연한 것 아니에요?"
"나한테 한 말이 아니라 의사한테 한 말이에요."

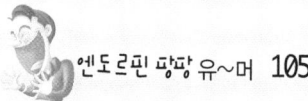

공처가의 고민

초췌한 모습의 공처가가 의사를 찾아갔다.
"선생님, 며칠째 계속 악몽에 시달리고 있어요."
"진정하시고 그 악몽에 대해 말해 보세요."
"매일 밤 꿈속에서 10명의 아내와 함께 사는 꿈을 꾸거든요. 정말 미치겠어요."
의사는 고개를 갸우뚱거리며 물었다.
"그게 왜 악몽이죠? 좋을 것 같은데…."
"뭐라고요? 그럼 선생님은 10명의 여자를 위해 밥하고 빨래하고 청소해 본 적 있으세요?"

거짓말할 때마다

어느 날, 할머니가 남편의 책상 서랍에서 사과 5개와 돈 520마르크를 발견했다.
궁금해진 할머니가 할아버지에게 물었다.
"영감, 이게 뭐유?"
"당신과 함께 살면서 거짓말을 한 번 할 때마다 사과 하나씩을 모았지."
"아, 그러셨수?
사과 다섯 개를 보고 할머니는 미소 지었다.
'50년 동안 겨우 다섯 번이라…. 그쯤이면 눈감아줄 만하지 뭐.'
할머니는 흐뭇해져서 부드럽게 다시 물었다.
"근데 520마르크는 또 뭐유?"
"서랍이 꽉 찰 때마다 사과를 다시 내다 팔았소!"

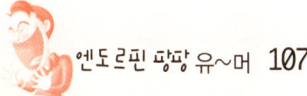

천국과 지옥

한 술주정뱅이가 알코올 중독으로 죽고 말았다. 술주정뱅이가 천국 문앞에 이르자 천사가 물었다.

"천당으로 가겠느냐, 지옥으로 가겠느냐?"

"천사님, 먼저 천국과 지옥을 관광시켜 주세요."

천사는 술주정뱅이를 지옥으로 데려갔다. 초호화판 룸살롱과 도박판, 술에 예쁜 여자까지 있었다. 반면 천국에선 계속 예배만 드리고 있었다.

술주정뱅이는 지옥을 선택했다. 그 순간, 술주정뱅이는 뜨거운 유황불 속에 떨어졌다.

"이거 왜 처음 봤던 지옥과 달라요?"

그러자 천사가 미소지으며 말했다.

"그때는 관광 비자였고, 지금은 영주권 비자니 그렇지."

군대 가는 아들 삼형제

아들 삼형제가 있었다.
큰아들에게 영장이 날아왔다.
군대 가던 날.
어머니는 흐르는 눈물을 훔치며 버선 바람으로 싸리문까지 배웅을 나가셨다.

얼마 후에 둘째에게도 군대 영장이 나왔다.
어머니는 아쉬움을 뒤로 한 채 신발을 신고 현관까지 마중을 나가셨다.

시간이 더 흐른 후 막내에게도 영장이 나왔다.
어머니는 이불 속에 누우신 채로 말씀하셨다.
"애야, 춥구나. 문 잘 닫고 가거라."

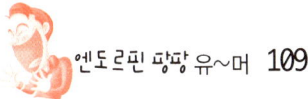

안타까운 유언

환자의 숨이 가빠지자 아들만 남고 다른 가족들은 밖으로 나갔다.

"마지막으로 하실 말씀은 없으세요?"

안타까운 표정으로 아들이 묻자 환자는 괴로운 표정으로 힘을 다해 손을 허우적거렸다.

"아버지, 말씀하시기 힘드시면 글로 써 보세요."

환자는 힘들게 몇 자 적다가 숨을 거두었다.

아들은 병실 밖으로 나와 슬퍼하는 다른 가족들에게 말했다.

"아버님은 편안히 가셨습니다. 이제 고인의 마지막 유언을 제가 읽어 드리겠습니다."

아들은 종이를 펴서 큰 소리로 읽기 시작했다.

"발 좀 치워, 호흡기 줄 밟았잖아."

누구 들으라고?

철수는 방문을 닫아걸고 큰소리로 기도하고 있었다.

'하나님! 우리 아빠가 저에게 자전거를 사 주도록 해 주세요!'

그 때 할머니가 그 방 앞을 지나가다가 철수에게 물었다.

'철수야, 무슨 일이냐. 왜 그렇게 큰 소리로 기도하니? 하나님은 귀먹지 않으셨단 말야.'

그러자 철수가 큰 소리로 대답했다.

'하나님은 들으시는데, 우리 아빠가 못 들으실까 봐서요!'

보양식 마니아

하루는 집에 돌아와 보니 아버지가 깡통 하나를 열심히 따고 계셨다.

깡통에 개 그림이 그려져 있는 게 보여서,

'아아, 우리 강아지 짱아에게 주려고 그러시는구나!'

하고 생각했다.

그런데 옷을 갈아입고 나와 보니 아버지가 그것을 잡수시고 계시는 게 아닌가.

"아버지, 그것을 왜 드시는 거예요?"

놀란 내가 묻자 아버지는 이렇게 대답했다.

"이거 개고기 통조림 아니냐?"

안 오는 이유

집에 초인종이 고장나서 수리점에 연락을 하고 기다렸다.
그런데 30분이 지나도 오지 않는 것이었다.
아버지는 수리점에 다시 전화를 했다.
"왜 약속한 시간에 안 오는 거예요?"
"이상하네요, 저희 직원이 분명히 시간을 넉넉하게 잡고 출발을 했는데요. 차가 막히나 봅니다. 죄송합니다, 조금만 기다려 주세요."

전화를 끊고 가족들은 기다려 보기로 했다. 그런데 한 시간, 두 시간, 세 시간이 흘러도 수리공은 도착하지 않았다. 화가 난 아버지가 밖으로 나가 기다리기 위해 대문을 확 열었다.

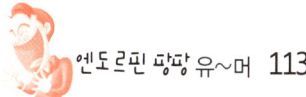

그런데! 대문 밖에서 수리공이 덜덜 떨고 있는 게 아닌가!

"이봐요, 이렇게 늦게 오면 어떻게 합니까?"

"제가 여기에 4시간 전에 도착을 했거든요. 그런데 아무리 초인종을 눌러도 대문을 열어 주지 않아서 4시간째 떨고 있는 거잖아요!"

"……??!"

해석은 마음대로

서울에 있는 법원으로 새로 발령을 받은 판사가 첫 출근을 하게 되었다.

그런데 수위실에서 그만 제지를 당하고 말았다.

위풍 당당한 수위는 판사의 아래위를 훑어보더니 거만하게 물었다.

"어이, 처음 보는 얼굴인데… 당신 누구요?"

판사는 온화한 얼굴로 미소 지으며 대답했다.

"판사요."

그러자 수위가 하는 말,

"이봐요! 여기는 법원이지 레코드판 파는 곳이 아니에요!"

화투판의 존댓말

만득이 아버지는 거의 매일 고스톱을 쳤다.

어깨 너머로 고스톱을 배운 만득이는 아버지가 친구들과 판을 벌일 때마다 꼭 참견하곤 했다.

"아빠, 똥 먹어 똥."

"아빠, 그냥 죽어."

"에이 아빠, 쌌다."

만득이가 하도 악을 써대며 참견하자, 듣다 못한 아버지의 친구가 타일렀다.

"만득아, 어른한테 존댓말을 써야지 그게 뭐냐."

그러자 만득이는 금세 말을 바꾸었다.

"아버님, 인분 드시죠."

"아버님, 그냥 작고하시죠."

"아버님, 사정하셨습니다."

운전병의 하루

어느 날 운전병이 상사를 태우고 먼 곳을 나가게 되었다(운전병은 기어를 넣을 때 '1단 넣겠습니다, '2단 넣겠습니다'를 해야 함).

운전병은 진땀을 뻘뻘 흘리며 운전을 하고 있었다. 그러다… 기어를 변속하는 순간, 너무 긴장한 나머지 실수를 하고 말았다.

"1단 변신하겠습니다(1단 넣겠습니다)."

"2단 변신하겠습니다."

"3단 변신 하겠습니다."

어쨌든 이렇게 실수를 했는데도 상사는 그냥 운전병을 쳐다보기만 하였다. 드디어 목적지에 도착하자 상사는 내리면서 운전병에게 한마디 하였다.

"이보게 운전병, 그럼 합체는 언제 하나?"

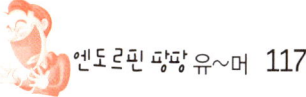

부러운 환각 증세

환각에 시달리던 오경구가 결국 정신 병원에 눕고 말았다. 진찰을 하기 위해 의사가 물었다.
"자, 지금 눈앞에 보이는 게 뭔지 내게만 알려 주겠어요?"
경구는 진찰실을 두리번거리다가 의사 곁에 선 간호사에게 시선을 멈췄다. 잠시 바라보던 경구가 몽롱한 시선으로 중얼거렸다.
"네, 간호사 누나가 옷을 하나씩 벗고 있네요."
의사가 간호사를 쳐다봤지만 아무 일도 없었다.
그때 의사가 황급히 경구를 일으켜 세우면서 말했다.
"에이, 환자분 잠깐 일어나 봐요. 내가 대신 거기 누워서 봐야겠소."

딸아이의 걱정

어린 딸과 함께 동물원에 간 아빠가 호랑이를 가리키며 일러 줬다.

"저게 바로 호랑이라는 짐승이야. 동물 가운데 제일 무서운 놈이지. 만약 저것이 우리에게 뛰쳐나오면 당장 이 아빠를 깨물고 할퀼 거야. 어때! 무시무시하지?"

"응, 그런데 호랑이가 나와서 그러면 나는 몇 번 버스 타고 집에 가야 해?"

나와서 앞문 닫아!

무시무시한 영어 선생님 시간.

그러나 칠판에 필기를 마치고 돌아서는 선생님을 보는 순간, 아이들은 도저히 웃음을 참을 수가 없었다. 선생님의 바지 지퍼가 열려 있었기 때문이었다.

한 학생이 용기를 내서 선생님에게 말했다.

"선생님, 앞문이 열렸는데요."

그러자 선생님이 말했다.

"거기, 맨 뒷사람, 나와서 앞문 닫아!"

대안이 없는데

아담과 하와는 에덴 동산에서 살고 있었다.
어느 날 아담이 하와에게 물었다.
"하와, 당신은 나를 사랑해?"
"네, 사랑해요."
아담은 아침 먹고 물어 보고, 점심 먹고 물어 보고, 하루 종일 물어 보았다.
계속 같은 대답을 하던 하와가 갑자기 소리쳤다.
"야, 인마! 여기 너 말고 누가 있냐?"

이상한 계산법

어떤 멍청한 청년이 이웃 마을 처녀와 결혼을 했다. 그런데 그녀는 결혼한 지 석 달 만에 꽃 같은 딸을 낳았다.

미련한 청년의 소견으로는 어쩐지 이상하다 싶어서, 이웃 마을에 사는 자칭 도사라는 사람을 찾아가 의논했는데 도사의 말인즉 이러했다.

"셈은 틀림없이 맞으니 걱정할 것 없네. 예로부터 아기는 아홉 달 만에 태어난다지 않던가. 자네가 그녀와 결혼한 지 석 달이 된 게 확실하다면 그녀가 자네와 결혼한 지도 석 달이요, 자네 내외가 함께 생활한 지도 석 달. 그래서 영락없이 아홉 달이지 뭔가."

집배원과 등대지기

저녁에 등대불을 밝히려던 등대지기는 통통배를 타고 오는 우편 집배원을 보았다.

집배원은 등대지기에게 편지 한 통을 전해 주면서 온갖 짜증과 불평을 다 부렸다.

"기껏 편지 한 통 배달하느라, 기차 타고 버스 타고 배 타고 오는 데 꼬박 하루가 걸려요. 한반도에서 제일 먼 이 섬에 도착했소. 이 점에 대해 어떻게 생각하시오?"

가만히 듣고 있던 등대지기가 조용한 목소리로 한마디 했다.

"당신, 자꾸 투덜거리면 일간지 구독 신청할 거야."

차비

한 남자 고등학생이 시내에 나갔다가 그만 차비를 잃어버렸다. 어떻게 해야 할까 고민하다가 용기를 내어 지나가던 여고생에게 말을 걸었다.
"왜 그러세요?"
여학생이 물었다.
"저… 차비 좀 빌려 주세요."
"시간 있으세요?"
남학생은 이게 웬 떡이냐 싶었다.
'차비도 빌려 주고 데이트까지 해 주려나?'
기분이 좋아 절로 목소리가 커졌다.
"넷, 많습니다!"
그러자 들려 오는 여학생의 한마디,
"그럼… 걸어가세요."

손 씻는 이유

사오정은 화장실에 갔다 오면 항상 손을 씻는 깨끗한 습관을 가지고 있다.

손오공은 그렇게 청결한 오정이를 보고 항상 감탄을 했다.

그런데 하루는 오정이가 화장실을 갔다 와서 손을 씻지 않는 것이었다.

손오공은 궁금해서 물었다.

오정이는 당연하다는 표정으로 말했다.

"응, 오늘은 화장실에 휴지가 있더라구."

이상한 스승

스승이 제자들을 불러 모았다.
첫번째 제자에게 썩은 생선을 건네며 물었다.
"무슨 냄새가 나느냐?"
"썩은 냄새가 납니다."
"그것은 네 마음이 썩었기 때문이니라."

두 번째 제자에게 물었다.
"저 밤하늘이 무슨 색깔인고?"
"네, 검은색입니다."
"그건 네 마음이 검은 탓이로다."

세 번째 제자에게는 마늘 장아찌 맛을 보여 주며 물었다.

"무슨 맛이 느껴지느냐?"
"짠맛입니다."
"그래, 그건 네가 짠돌이라서 그렇다."

이어 그 옆에 앉은 제자에게 간장 맛을 보라고 했다.
머리를 굴린 제자가 점잖게 말했다.
"아주 단맛이 느껴집니다."
"그래? 원 샷!"

정신 병원의 독서 감상

나른한 오후 어느 정신 병원의 독서 시간.
한구석에서 몇몇 환자들이 두꺼운 책을 놓고 열띤 토론을 하고 있었다.
"이 책은 너무 나열식이야."
"게다가 등장 인물이 너무 많아서 좀 산만해."
"도대체 이렇게 두꺼운 책을 어떻게 읽으라는 거야?"
한창 토론이 열기를 더해가는데 간호원이 들어오며 말했다.
"누구 전화 번호부 가져간 사람 있어요?"

착각

자칭 유능한 사원이라고 으스대던 사람이 사장을 찾아가서 말했다.
"사장님, 다음 주에 사표를 제출하겠습니다."
사장이 고개를 푹 숙인 채 말이 없자, 또다시 말했다.
"사장님, 끝까지 도와 드리지 못해서 대단히 죄송합니다."
고개를 치켜든 사장이 말했다.
"다음 주까지 기다리란 말인가?"

어느 나라 사람?

경상도 사람 둘이 지하철에서 시끄럽게 떠들며 얘기를 하고 있었다.

참다 못한 한 청년이 경상도 사람에게 다가가서 말했다.

"좀 조용히 해 주시겠습니까?"

그러자 경상도 사람이 쩌렁쩌렁한 목소리로 말했다.

"머라꼬? 이기다 니끼다 이기가?"

그러자 그 청년, 동료에게 돌아가며 말했다.

"거봐, 내가 뭐랬어? 일본 사람이라고 했잖아."

한눈에 반했소

신혼 여행을 가는 비행기 안에서 신랑이 신부에게 말했다.
"난 사실 한쪽 눈이 보이지 않는 불구자요."
신부는 놀라서 소리쳤다.
"왜 그런 사실을 얘기하지 않았어요?"
"내가 당신에게 보낸 첫 연애 편지에 그것을 밝혔소. 생각해 보오."
그 편지의 첫 구절인즉 이러했다.
"난 당신에게 한눈에 반했소."

원하는 대로

어떤 사람이 치과에 가서 의사에게 물었다.
"이 하나를 빼는 데 치료비가 얼마나 듭니까?"
"네, 2만 원입니다."
그 사람은 깜짝 놀라며 물었다.
"아니, 뽑는 데 1분도 걸리지 않는데 왜 그렇게 비싸죠?"
그러자 의사가 심각한 표정으로 말했다.
"물론 환자분이 원하시면 아주 천천히 뽑아 드릴 수도 있습니다."

더 빠른 길

홀아비가 된 60대 갑부가 성형 외과 병원을 찾아왔다.
"어떻게 고쳐 드릴까요?"
"이왕이면 20대 아가씨와 결혼할 수 있도록 30대 외모로 바꿔 주시오."
"그런 목적이라면 80대 쪽으로 하는 게 더 빠를 텐데요." (빨리 죽기 때문에)

동상이몽

어느 부흥회에서 목사님이 설교 도중 질문했다.
이 세상에서 가장 차가운 바다는? —썰렁해
이 세상에서 가장 따듯한 바다는? —사랑해
평소 남편으로부터 사랑한다는 말을 듣는 것이 소원인 아내,
"여보, 내가 문제 낼게 맞혀 보세요. 이 세상에서 가장 차가운 바다는 '썰렁해' 래요. 그러면 이 세상에서 가장 뜨거운 바다는 뭐게요?"
남편이 머뭇거리며 주저주저하자 아내는 몸을 흔들면서,
"여~봉~, 나를 보면 생각나는 것 있잖아요?"
그러자 남편이 고개를 끄덕이며 하는 말,
"열…바…다!"

하지도 않은 일

한 소녀가 학교에서 집으로 돌아와 엄마에게 말했다.
"엄마! 오늘 내가 하지도 않은 일로 선생님에게 벌받았어."
"뭐라고? 그런 경우가 어딨니? 내일 학교에 찾아가 선생님께 항의 좀 해야겠구나. 그런데 네가 하지 않은 일이 뭐였는데?"
"응… 숙제."

건망증 때문에

건망증이 심한 엄마가 오랜만에 미장원에 갔다.
"정말 오래간만이네. 그 동안 안녕하셨어요?"
주인이 반가워하며 말했다.
"네, 덕분에요. 오늘 중요한 일이 있으니까 머리 손질 좀 빨리 해 주시겠어요? 시간이 없으니까 30분 안에 끝내 주세요."
"30분 안에요? 네, 알겠어요."
한참 손질하던 주인 왈,
"이왕 오신 거, 머리를 마는 게 어때요? 훨씬 보기 좋을 텐데."
훨씬 보기 좋다는 소리에 솔깃한 엄마,
"호호, 그럼 어디 간만에 파마나 해 볼까요."
그렇게 엄마는 머리를 말았다.

꼭 3시간 걸렸다.
머리를 만 채 뿌듯한 마음으로 집으로 온 엄마.
집 안의 공기가 썰렁했다.
그 후 엄마는 누나의 결혼식을 비디오로 봐야만 했다….

눈에는 눈으로

 자동차를 운전하던 사람이 자신도 모르는 사이에 몰래 카메라에 잡혔다.
 그 감시 장치는 레이더를 이용해 속도를 측정하고 자동차의 사진을 찍은 것이다.
 나중에 우편으로 40달러짜리 딱지와 그의 자동차 사진이 날아왔다.
 그는 벌금을 납부하지 않고 40달러를 촬영한 사진을 경찰서로 보냈다.
 며칠 후, 경찰로부터 다시 편지가 왔다.
 거기에는 수갑을 촬영한 사진이 들어 있었다.

지우개 소년

때가 너무 많은 소년이 때밀이를 불러서 때를 밀었다. 때가 어찌나 많은지 어느덧 1시간이 지났다.
"아저씨, 죄송해요. 때가 너무 많아서요."
"괜찮다."
다시 1시간이 지나고…….
"정말 죄송해요."
"괜찮대도."
또다시 1시간이 지났다.
"괜찮으세요?"
거의 탈진 상태에 이른 때밀이 아저씨가 소년에게 하는 말,
"너… 혹시 지우개 아니냐?"

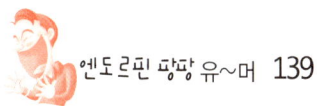

신부감 구하기

　선을 볼 때마다 어머니가 퇴짜를 놓아 지쳐 버린 노총각이 있었다.
　이러한 사정을 잘 아는 친구가 조언을 했다.
　"자네 어머니와 꼭 닮은 여자를 데려다 보이면 좋아하실 걸세."
　얼마 후 다시 친구를 만난 노총각이 말했다.
　"자네가 시키는 대로 했네. 과연 자네 말대로 어머니가 좋아하시더군."
　"축하하네. 그래, 결혼 날짜는 잡았나?"
　"날짜는 무슨…. 이번엔 아버지께서 딱 질색하시는데…."

누가 이상한가?

정신 병원에서 환자들과 의사가 대화를 나누는데, 한 환자가 느닷없이 물었다.
"의사 선생님, 선생님은 어떤 손으로 커피를 저으시나요?"
"오른손으로 젓기도 하고, 왼손으로 젓기도 하지요."
이 말을 들은 환자가 고개를 갸웃거리며 혼자 중얼거렸다.
"거 참, 이상한 버릇이네? 사람들은 대부분 스푼으로 저어서 먹던데?"

빨리 잊기 어려운 이유

아버지가 첫사랑에 실패한 아들을 위로하고 있었다.
"애야, 시간을 믿어라. 이제 한 달만 지나면 그 여자는 완전히 잊게 될 거다."
아들은 한숨과 함께 고개를 저으며 말했다.
"그렇게 되기가 어려워요."
"아니, 왜?"
"내가 그 애에게 사 준 선물은 모두 카드 할부로 긁었거든요."

개 사료

한 사료 제조 회사에서 유기농 원료를 사용한 신제품 프리미엄급 고급 개 사료에 대한 제품 설명회를 했다.

담당 직원의 설명이 끝나자 참석자가 물었다.

"사람이 먹어도 됩니까?"

"못 먹습니다."

"유기농 청정 원료로 영양가 높고 위생적으로 제조된 개 사료를 왜 먹지 못한단 말입니까?"

"비싸서 못 먹습니다."

남편이 늦는 이유

 매일 새벽 3시가 넘어서야 겨우 들어오는 남편을 보다 못한 아내가 바가지를 긁기 시작했다.
 아무리 화를 내고 앙탈을 부려 봐도 묵묵 부답인 남편.
 더욱 더 화가 난 아내가 소리쳤다.
 "당신, 정말 너무 하는 거 아니에요? 왜 3시가 넘어서야 들어오는 거예요?"
 그러자 묵묵히 듣고 있던 남편이 귀찮다는 듯 말했다.
 "이 시간에 문 열어 주는 데가 이 집밖에 없어서 들어온다, 왜!"

잔머리 굴리기

"아빠, 만 원만 주세요."
"안 돼, 오늘은 돈 없어."
"아빠, 만 원만 주시면 오늘 아침에 우유 배달부 아저씨가 엄마보고 뭐라고 했는지 이야기해 줄게요."
그러자 다급해진 아빠는 아들에게 만 원을 건네며 말했다.
"뭐? 여기 있다. 얼른 말해 봐!"
아들은 냉큼 돈을 챙겨 도망가면서 말했다.
"아주머니, 오늘은 우유 대금 좀 주세요."

술 먹고 가는 곳

오랜만에 여고 동창생끼리 만났다.
"요즘 네 남편은 어떻게 지내시냐?"
"글쎄, 술 마시고 나서는 매일 싸구려 극장에 가나 봐."
"싸구려 극장?"
"응, 술 마신 뒤에는 항상 '필름이 끊겼다'고 하거든."

승진 못한 판사

재판을 하던 중 판사가 피고인에게 물었다.
"이봐요, 피고. 내가 여기 지방 법원 판사로 있으면서 당신을 벌써 열두 번째나 보게 됐습니다. 부끄럽지 않습니까?"
그러자 피고가 심드렁한 목소리로 대답했다.
"나 원 참! 판사님이 승진 못한 게 어디 제 탓입니까?"

가족 정신

40대 초반의 남편과 30대 후반의 부인, 그리고 두 아이가 살았다.

어느 날 저녁, 부인은 남편과 분위기를 연출하기 위해 두 아이를 친정에 보내고, 야한 드레스를 입고 촛불 하나 켜 놓고 남편을 기다렸다.

마침내 집에 들어온 남편에게 부인은 조심스레 다가갔다.

이때 남편이 하는 말,

"이봐, 징그럽게 가족끼리 왜 그래?"

돌잡이

돌상에 지폐와 소주, 성경을 차려 놓은 부부는 장래 아이가 무엇이 될까? 궁금했다.
"여보, 이게 뭐예요?"
아내의 말에 남편이 웃으며 말했다.
"응, 돈을 집으면 사업가가 될 것이고, 성경을 집으면 목사가 될 것이고, 소주를 집으면 술꾼이 될 것이오."
드디어 아이가 돌상을 집었다.
지폐를 집어 손에 쥐고, 성경은 겨드랑이에 끼고, 다른 손으로 소주를 들었다.
그러자 아버지가 하는 말…….
"후유…, 이 녀석은 정치가가 될 것 같아."

소근암

한 남자가 종합 검진 결과를 기다리고 있었다.
그런데 의사가 놓고 간 파일에 '소근암'이라고 적혀 있었다.
'내가 소근암이라니…!'
의사가 돌아오자 그 남자는 모든 것을 사실대로 말해 달라고 했다.
"선생님, 제가 소근암이지요? 며칠을 살 수 있나요?"
어이가 없다는 표정으로 의사가 말했다.
"그건 제 이름인데요!"

회전하는 자유의 여신상

손오공이 처음 뉴욕 여행을 다녀왔다.
"사진 찍어 왔어. 정말 멋지지?"
손오공은 여행 사진을 사오정에게 보여 주었다.
그 중에도 가장 멋진 사진은 자유 여신상을 여러 각도에서 찍은 사진이었다.
한참을 신기하게 들여다보고 있던 오정이가 하는 말.
"와! 자유의 여신상이 회전하는 줄 난 미처 몰랐는걸!"

나누기에 따라

어느 산수 시간.
선생님이 학생들에게 물었다.
"숫자 8을 반으로 나누면 얼마가 되지?"
그러자 한 학생이 선생님에게 되레 질문을 하는 것이었다.
"선생님, 가로로 말인가요? 세로로 말인가요?"
"그게 무슨 말이니?"
"세로로 나누면 3이 되고 가로로 나누면 0이 되니까요."

그 아버지에 그 아들

저녁 식사를 마친 아버지와 아들이 가볍게 술 한 잔 한다는 게 그만 잔뜩 취하고 말았다.

화제는 재산 상속 문제로 번졌다.

아버지가 혀 꼬부라진 소리로 아들에게 이렇게 말했다.

"네 이놈, 얼굴이 한 개로 되었다 두 개로 되었다 하는 놈에게 이 집을 물려줄 순 없다."

그러자 얼굴이 벌겋게 달아오른 아들도 냉큼 맞받아 말했다.

"아버지, 저 역시 이렇게 빙빙 도는 집은 상속받기 싫습니다."

나르시즘

사귄 지 1년 된 남녀가 데이트를 하고 있었다.
여자가 애교를 부리면서 남자 팔에 매달려 고백을 했다.
"자기야 나는 이제 자기 없인 못 살아. 자기는?"
"응, 나도 나 없이는 못살아."

신이시여

어떤 할아버지가 버스를 탔다.
그런데 차가 급정거 하는 바람에 어느 할머니가 할아버지 앞으로 쓰러졌다.
할아버지는 이렇게 외쳤다.
"신이시여! 저를 시험하시나이까?"
잠시 후 또 차가 급정거하는 바람에 이번엔 아리따운 아가씨가 할아버지 앞으로 쓰러졌다.
할아버지는 더욱 큰 소리로 외쳤다.
"신의 뜻이라면 따르겠나이다!!!"

엉뚱한 대화

선생님이 수업 시간에 필기를 하지 않고 있는 사오정에게 다가갔다.
"오정아, 너 왜 필기 안 하고 가만히 있니?"
"안 보여서요."
"그래? 눈이 몇인데?"
오정이가 이상하다는 듯이 선생님에게 말했다.
"제 눈은 둘인데요."
"아니, 아니! 그거 말고 네 눈이 얼마냐고?"
오정이가 더 이상하다는 눈으로 선생님에게 말했다.
"제 눈은 안 파는데요…."
"어이구! 네 눈이 얼마나 나쁘냐고?"
"제 눈은… 나쁘고 착하고 그런 거 없는데요…."

정직한 영어 실력

사오정이 저팔계에게 물었다.
"얘, 팔계야, 삼각형이 영어로 뭔 줄 알아?"
"글쎄?"
"트라이앵글이야. 그것도 몰라?"
그러자 팔계도 하나 생각났다는 듯 오정이에게 물었다.
"그럼 형, 동그라미가 영어로 뭔지 알아?"
"당연하지! 탬버린."

번호부터 알아야

맹구가 영구랑 집에서 라면을 끓이다가 그만 불을 내고 말았다.
맹구가 얼른 전화로 달려가 114를 눌렀다.
옆에서 이를 지켜 보던 영구가 맹구에게 물었다.
"야, 인마! 불이 났는데 114를 돌리면 어떡하냐?"
그러자 영구가 말했다.
"모르면 가만 있어. 119가 몇 번인지 114에 알아 보려고 그러니까."

사오정의 책임감

손오공과 사오정이 비틀거리면서 2차를 마치고 3차로 향하고 있었다.

"야, 사오정! 나 책임질 수 있어?"

손오공의 말에 사오정이 크게 고개를 끄덕이며 말했다.

"그럼, 걱정 마요~. 내가 책임질게."

결국 손오공은 술을 마시다 잠이 들어 곯아 떨어졌다. 다음 날 아침 손오공은 서늘한 한기에 잠이 깼다.

그런데 자신이 사람들이 오고가는 도로 위에 누워 있는 게 아닌가!

배 위에 올려진 짤막한 메시지와 함께.

"밟지 마시오."

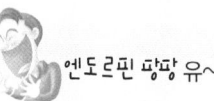

의외의 처방

귀에 이상을 느낀 삼식이가 병원을 찾아갔다.
"의사 선생님, 제 귀에 이상이 있나 봐요. 요즘에는 제 방귀 소리조차 잘 들리지 않거든요."
의사는 그 자리에서 약을 지어 주며 말했다.
"그러면 식후에 이 알약을 꼭 세 알씩만 복용하십시오. 금방 효과가 나타날 겁니다."
삼식이가 기뻐하며 말했다.
"우~와! 그럼 이게 귀가 밝아지는 약인가요?"
"아닙니다, 방귀 소리를 크게 하는 약입니다."

닭 한 마리

한 남자가 새로 산 최신형 스포츠카를 타고 길을 달리고 있었다.

그런데 놀랍게도 닭 한 마리가 엄청난 속도로 차를 추월하여 달리는 것이었다.

'아니! 감히 내 스포츠카를 앞서다니! 내가 질 수야 없지!'

남자도 최대한 속도를 높여 달렸는데 닭은 이 차를 따돌리고 사라져 버렸다.

'세상에, 이런 닭이 있나?!'

남자는 동네를 수소문해 이 닭의 주인을 찾아가서 말했다.

"그 닭을 100만 원에 파시오!"

주인은 고개를 절레절레 흔들었다.

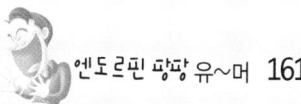

"그럼 1,000만 원에 파시오!"
"그럴 수 없다니까요!"
주인은 막무가내였다.
열받은 남자는 도저히 그만둘 수가 없었다.
"에이, 그까짓 닭 한 마리 가지고! 좋아! 3,000만 원에 내 차까지 줄 테니 파시오!"
그래도 주인은 고개만 가로로 저었다.
남자는 화가 버럭 났다.
"도대체 안 파는 이유가 뭐요?"
그러자 주인이 말했다.
"잡혀야 팔지요."

골프와 주일 예배

어떤 남자가 일요일에 친구와 함께 골프를 치러 가기로 했다. 그런데 그 친구가 약속 시간보다 약 30분이나 늦게 도착했다.

남자는 화가 나서 친구에게 말했다.

"왜 이렇게 늦은 거야?"

"사실은 주일 예배를 빠진다는 게 너무 부담되는 거야. 그래서 동전을 던져 앞면이 나오면 교회를 가고, 뒷면이 나오면 골프를 치기로 했지. 그래서 늦은 거야."

"결국 뒷면이 나왔다 이거군!…"

"아냐, 계속 앞면이 나오기에 뒷면이 나올 때까지 던졌지!"

퀴즈 셋

1. 가짜 휘발유를 만들 때 가장 많이 들어가는 재료는?
    … 진짜 휘발유

2. 못생긴 여자만 좋아하는 사람은?
    … 성형 외과 의사

3. '술과 커피는 안 팝니다.'를 넉 자로 줄이면?
    … 주차(酒茶) 금지

저렇게 좋은 것을 어디서?

　개과 천선하여 바른 삶을 살기로 결심한 한 청년이 교회를 찾아갔다.
　마침 목사님은 설교 중이었다.
　"성도 여러분! 술을 먹으면 어떻게 되지요? 이성은 빠져나가고 감성만 남게 되지요? 그리고 쾌락을 쫓게 되고 뒤따라오는 것이 여자 아니겠어요? 술은 결국 죄악을 몰고 오는 것입니다."
　가만히 듣고 있던 청년이 옆사람에게 물었다.
　"저, 실례지만… 저렇게 좋은 술을 어디서 파는지 아세요?"

딴 마음 부부

 한 부부가 모든 것을 이루어 주는 옹달샘을 찾아갔다.
 물을 마시려던 남편이 발을 헛디디고 말았다.
 "으악!"
 옹달샘에 빠져 허우적거리던 남편은 그만 하늘 나라에 가고 말았다.
 그 광경을 지켜보던 아내 왈,
 "정말 이 샘은 소원을 이루어 주네. 신기하기도 해라."

전쟁터에서

전쟁터에서 군인들은 한 달째 속옷을 갈아입지 못하자, 모두들 불평을 늘어놓았다.
어느 날, 대장이 말했다.
"오늘은 속옷을 갈아입는다."
"와!"
병사들은 소리를 지르면서 좋아했다.
그런데 이어지는 한마디….
"옆 친구와 바꿔 입는다."

밥통

산수 시간에 썰렁이에게 선생님이 문제를 냈다.
"1+1은 얼마지?"
"잘 모르겠는데요."
선생님은 너무 답답한 나머지 화가 났다.
"넌 정말 밥통이구나. 이렇게 간단한 계산도 못하다니…. 예를 들면, 너하고 나하고 합치면 얼마나 되느냐 말이야?"
"그거야 쉽지요."
선생님이 기대에 차서 물었다.
"그래, 얼마니?"
"밥통 두 개요."

숫자를 셈하느라

남편이 아내에게 수수께끼를 냈다.

"당신이 기차의 기관사야. 기차가 처음 역을 출발할 때 손님이 39명이었거든. 그런데 다음 역에서는 내린 사람이 없고 4명이 탔지. 그럼 기관사 이름이 뭐야?"

"순 엉터리야! 내가 그걸 어떻게 알아요?"

숫자를 더하고 빼는데 온통 신경을 쏟던 아내가 버럭 신경질을 낼 수밖에.

"바보, 맨 처음 당신이 기관사라고 했잖아!"

승마 다이어트

한 남자가 친구에게 말했다.
"요즘 아내가 다이어트를 위해 매일 승마를 해. 그런데 살이 너무 많이 빠져서 고민이야."
"와! 승마가 정말 효과가 있나 보구나?"
"아니, 내 아내가 빠진 게 아니라, 말이 10kg나 빠졌어."

교육의 중요성

4살 먹은 아들을 시어머니한테 맡기고, 직장 생활을 하는 며느리가 집에 전화를 걸었다.
"여보세요!"
전화를 받은 사람은 어린 아들이었다.
"오, 아들! 맘마 묵었나? 할머니는 머 하노?"
"디비 잔다."
엄마는 아들의 말에 황당했다. 할머니가 어린 손자 듣는데 말을 함부로 한다 싶어 말씀을 드려야겠다고 생각하여,
"할머니 좀 바꿔 줘!"
그러자 아들이 말했다.
"에이, 깨우면 지랄할 낀데…."

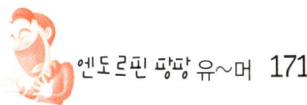

곰이 착해서

어느 날 한 소년이 깊은 산속을 걷고 있었다.

소년은 워낙 깊은 산속이라서 호랑이나 곰이 나올까 봐 두려웠다.

소년이 걱정한 대로 곰이 나타났다.

소년은 전에 어떤 사람이 곰이 나타났을 때 죽은 척해서 살았다는 말이 생각났다.

'아, 나도 죽은 척해야지!'

소년은 곧바로 죽은척했다.

하지만 그 곰은 착한 곰이었다.

'죽은 사람을 보고 그냥 지나칠 수 있나. 도리가 아니지.'

그래서 땅을 깊이 파고 그 사람을 양지 바른 곳에 묻어 주었다.

해결사 한국인

　프랑스인·미국인·일본인·한국인, 기타 여러 인종이 비행기를 타고 가고 있었다.
　그런데 갑자기 비행기에서 연기가 올라오며 추락하는 것이었다.
　사람들은 모두 절망하며 울부짖었다.
　그때 조종사가 객실로 뛰어오더니 말했다.
　"3명만 비행기 밖으로 나가면 나머지는 살 수 있습니다."
　사람들은 순간 모두 망설일 수밖에 없었다. 다 같이 죽을 것인가, 3명만 죽을 것인가….
　별안간… 프랑스인이 일어서더니,
　"죽음도 예술이다!"
하고 외친 후, 비행기 밖으로 뛰어내렸다.

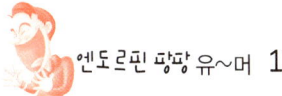

프랑스인이 뛰어내리자 곧이어 미국인이 일어나더니,

"세계 최강 미국 만세."

하고 외친 후 장렬하게 비행기 밖으로 뛰어내렸다. 그리고 모두 망설이고 있는 순간, 자랑스러운 한국인이 벌떡 일어났다.

"대한독립만세!"

목청껏 외친 후, 옆에 있던 일본인을 잽싸게 비행기 밖으로 밀어 버렸다.

집념의 토끼

하루는 토끼가 약국에 찾아가서 약사를 쳐다보며 물었다.

"당근 있어요?"

약사가 없다고 대답했다.

그래서 그냥 돌아온 토끼는 그 다음 날 또 가서 약사에게 물었다.

"당근 있어요?"

"없대두…!"

다음 날 토끼가 그 약국을 또 찾아가 물었다.

"당근 있어요?"

"없어! 한 번만 더 귀찮게 물어 보면 가위로 귀를 콱~ 잘라 버린다!"

이번에는 약사가 화를 벌컥 냈다.

다음 날 또 토끼가 그 약국을 찾아갔다.
"아저씨 가위 있어요?"
"아니."
그러자 또 물었다.
"그럼 당근 있어요?"

불치 공주병

 여러 남자에게 둘러싸여 등산을 갔다가, 숲속에서 길을 잃고 혼자 헤매던 공주병 말기 환자가 배고픔과 피로에 지쳐 쓰러졌다.
 그때 갑자기 주위가 어두워지더니, 폭풍우가 몰아치기 시작했다.
 머리 바로 위에서 번개가 번쩍번쩍 내리치자, 쓰러져 있던 공주병 환자가 벌떡 일어나 옷 매무새를 고치며 하는 말,
 "어머, 누구야? 지금 날 사진 찍은 사람이…?"

순수한 아이

귀여운 한 여자 아이가 비둘기에게 빵을 주고 있었다. 빵을 던져 주는 대로 쪼르르 쫓아다니며 빵을 먹는 비둘기들은 너무 귀여웠다.

그때 갑자기 지나가던 어떤 아저씨가 마구 화를 내면서 말하길,

"학생! 저 먼 아프리카 소말리아에는 많은 아이들이 굶주리고 있어! 근데 학생은 그런 새들에게 빵을 주는 거야! 그러면 안 되지~ 안 돼!"

그러자 여자 아이는 태연스레 비둘기에게 맛난 빵을 뿌려 주면서 말했다.

"전 그렇게 멀리까지 빵을 던질 줄 몰라요!"

불경기에 먹고 살려면

고양이가 쥐를 쫓고 있었다.

처절한 레이스를 벌이다가 고양이가 그만 쥐를 놓쳐 버렸다. 아슬아슬하게 쥐가 쥐구멍으로 들어가 버린 것이었다.

고양이는 쪼그려 앉더니 갑자기 "멍멍~! 멍멍멍!" 하고 짖어댔다.

숨어 있던 쥐는 궁금한 생각이 들었다.

"뭐야, 벌써 가 버렸나?"

그리고 잠시 후 머리를 구멍 밖으로 내밀었는데, 그 순간 고양이 발톱에 걸려들고 말았다.

의기 양양한 고양이가 쥐를 물고 가며 하는 말,

"요즘 같은 불경기에 먹고 살려면 2개 국어는 해야지!"

신라면과 푸라면

"오정아, 라면 좀 사오너라."
삼장 법사는 종이에 신라면(辛라면)이라고 적어 주었다.
슈퍼에 간 오정이는 삼장 법사가 말한 라면의 이름이 생각나지 않았다.
'아, 주머니에 종이가 있지!'
오정이는 종이를 펴 보더니 당당하게 아주머니에게 말했다.
"아줌마, 푸라면 주세요!"

꿈꾸기 위해

 선생님께서 한참 열강 중이신데 오정이는 교실 창으로 비치는 따스한 햇살 속에서 꾸벅꾸벅 졸고 있었다.
 선생님이 큰 소리로 오정이를 불러 세웠다.
 "왜 수업 시간에 조니? 내가 했던 말 잊었니?"
 "아뇨, 어제 선생님께서 꿈을 가지라고 하셨잖아요. 그래서…."

장래 희망

어느 고등학교에서 선생님이 학생들에게 장래 희망을 물어 보았다.
"영철이는 나중에 뭐가 될래?"
"네, 저는 우주 과학자가 되고 싶습니다."
"영숙이는?"
"저는 여자니까 애 낳고 평범하게 살래요."
"상용이는?"
"저는 큰 꿈은 없고요. 영숙이가 애 낳는 데 협조하고 싶어요!"

재미있는 지하철 이름

- 친구 따라 가는 역은… 강남역
- 가장 싸게 지은 역은… 일원역
- 역 3개가 함께 있는 역은… 역삼역
- 불장난 하다 사고친 역은… 방화역
- 일이 산더미처럼 쌓인 역은… 일산역
- 서울에서 가장 긴 전철 역은… 길음역
- 앞에 구정물이 흐르는 역은… 압구정역
- 스포츠 경기 때마다 바빠지는 역은… 중계역
- '양치기 소년'의 주인공이 사는 역은… 목동역
- 길 잃은 아이들이 모여 있는 역은… 미아역
- 새벽부터 물통 들고 몰려드는 역은… 약수역
- 화장실에 뜨거운 물이 나오는 역은… 온수역
- 학교 가기 싫은 애들이 좋아하는 역은… 방학역

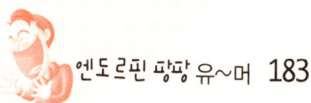

- 표검사와 짐까지 검사하는 역은… 수색역
- 구겨진 옷이 펴지는 역은… 대림역
- 이산 가족의 꿈을 이룬 역은… 상봉역
- 의견을 꼭 들어 주는 역은… 수락역
- 미안하네 그만 까먹었네… 아차산역
- 젖먹이 아기들이 좋아하는 역은… 수유역
- 숙녀가 가장 좋아하는 역은… 신사역
- 어떤 여자라도 환영하는 역은… 남성역
- 분쟁 때 노사 간에 만나야 하는 역은… 대화역
- 장사하는 사람들이 좋아하는 역은… 이문역
- 수도를 틀어도 석유가 나오는 역은… 중동역
- 23.5도 기울어져 있는 역은… 지축역
- 맹자·공자 등 성인들이 사는 역은… 군자역

- 대학 근처에서 대학인 척하는 역은… 낙성대역
- 양력 설을 쇠는 역은… 신정역
- 타고 있으면 다리가 저리는 역은… 오금역
- 실수로 자주 내리는 역은… 오류역
- 기초 바둑 배우는 학교가 있는 역은… 오목교역
- 마라톤 선수들이 좋아하는 역은… 월계역
- 죽은 이들을 기리기 위해 지은 역은… 사당역

슬픈 백수

 어느 백수가 일주일 간의 외박을 끝내고, 부모님께 혼날 각오를 하고 집으로 들어갔다. 일주일 만에 집에 들어가자 역시나 엄마가 화를 냈다.
 "너 이 녀석! 어제 나가서 여태까지 뭘 한 거야?"
 백수는 엄마의 무관심에 놀랐다.
 "엄마는 내게 관심이 없구나!"
 절로 한탄이 나왔다.
 풀이 죽어 방으로 들어가 자려는데 아빠가 술에 취해 들어왔다. 아빠는 백수에게 다가와 지갑에서 돈을 꺼내 주며 말했다.
 "백수라고 집에만 있지 말고 나가서 친구들도 좀 만나고 그래! 응?"

전화기인 줄 알고

어떤 사내가 양쪽 귀에 심한 화상을 입고 응급실로 달려왔다.
끔찍한 그 광경을 본 의사가 물었다.
"아니, 어떻게 했기에 이런 화상을 입으셨습니까?"
환자가 얼굴을 찡그리며 말했다.
"으, 제가 다림질을 하고 있었는데 갑자기 전화가 오잖아요. 그래서 무의식적으로 전화를 받는다는 게 그만 다리미를…."
"이런, 그럼 다른 쪽 귀는 어떻게 된 건가요?"
환자가 무덤덤하게 대답했다.
"그 녀석이 또 전화를 걸잖아요!"

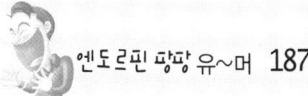

반갑지 않은 가보

어떤 남자가 TV 진품명품에 출연했다.

그는 자신의 집안에서 선조 때부터 대대로 내려오는 문서를 들고 나와서 가보라며 으쓱대며 자랑했다.

당당한 모습으로 심사 위원들의 감정 결과를 기다리던 남자는 결과가 나오자 그만 기절하고 말았다.

감정결과 ······.
노비 문서였던 것이다······.

아버지의 직업

어느 날, 담임 선생님이 만득이가 제출한 가정 환경 조사서를 살펴보고 고개를 갸우뚱거렸다.
"만득아, 아버님이 선장이시니?"
"아뇨."
"그럼 어부시니?"
"아뇨."
선생님이 고개를 갸우뚱하며 물으셨다.
"그런데 왜 아버지 직업을 수산업이라고 썼니?"
"네, 우리 아버지는 학교 앞에서 붕어빵을 구우시거든요."

아름다운 오해

어느 날 아내가 남편에게 물었다.
"당신은 왜 언제나 내 사진을 지갑 속에 넣고 다녀요?"
"아무리 골치 아픈 문제라도 당신 사진을 보면 씻은 듯이 잊게 되거든."
아내의 얼굴에 미소가 피어올랐다.
"당신에게 내가 그렇게 신비하고 강력한 존재였어요?"
"당연하지. 당신 사진을 볼 때마다 나 자신에게 이렇게 얘기하거든. '이것보다 더 큰 문제가 어디 있을까?' 라고 말이야."

슬픈 재회

　바다 고기들이 모두 부러워할 정도로 아주 열렬히 사랑하던 멸치 부부가 있었다.
　그런데 어느 날 멸치 부부가 바다에서 헤엄치며 다정하게 놀다가 그만 어부가 쳐 놓은 그물에 걸려들었다
　그물 안에서 남편 멸치가 슬프게 하는 말.
　"여보! 우리 시래깃국에서 다시 만납시다."

누드 모델

　초등학교 4학년 영희와 2학년 철수가 함께 텔레비전을 보고 있었다.
　그런데 텔레비전에서 화가가 누드 모델을 그리는 장면이 나오는 것이었다.
　좀 쑥스럽고 멋쩍은 듯한 모습으로 영희가 물었다.
　"도대체 왜 화가들은 여자를 벗겨 놓고 그리는 걸까?"
　그러자 철수가 당당하게 대꾸했다.
　"아니, 누나는 그것도 몰라? 화가들이 옷 그리는 게 더 어려우니까 그렇지!

무거운 나이

장수 마을에 취재를 하러 간 기자가 그 마을 최고령자인 할머니와 인터뷰를 했다.
"장수의 비결이 뭡니까?"
"안 죽으니까 오래 살지."
"올해 연세가 어떻게 되세요?"
"여섯 살밖에 안 먹었어."
"네? 무슨 말씀이신지…."
"100살은 무거워서 집에다 두고 다녀."

팬티 입은 개구리

어느 연못에서 물뱀이 헤엄치고 있었다.
연못 여기저기서 개구리들이 놀고 있는데, 모두 벗고 있었다.
물뱀이 연못 맞은편에 도달하니 한 놈만 팬티를 입고 바위 위에 앉아 있었다.
이상하게 생각한 물뱀이 물었다.
"넌 뭔데 팬티를 입고 있어?"
팬티 입은 개구리는 수줍은 듯 말했다.
"저요? 때밀이인데요…."

할머니의 속도 위반

어느 날 한 국도에서 경찰 한 분이 속도 위반 차량을 잡고 있었다. 그런데 저 쪽에서 한 차만이 너무 느리게 달리는 것이었다.

그래서 그 차를 세웠더니, 할머니 네 분이 타고 있었는데 한 분은 운전하시고 나머지 세 분은 뒤에 앉아 손발을 심하게 부들부들 떨고 있었다.

"왜 잡는 건가?"

운전석의 할머니가 물었다.

"할머님, 여기에서는 그렇게 느리게 달리면 안 돼요."

"이상하다…. 분명 이길 처음 부분에 20이라고 쓰여 있던데…. 그래서 시속 20km로 왔는데 뭐가 잘못 됐어?"

놀란 경찰의 입이 떡 벌어졌다.
"아! 그건 국도 표시예요. 여기가 20번 국도라는 말이에요."
"아, 그래요? 거참 미안혀…."
"그런데 뒷자리 할머님들은 왜 손발을 부들부들 떠시나요?"
운전하는 할머니가 대답하시길….
"좀 전엔 210번 국도를 타고 왔거든…?"

체면은 소중한 것이여

어느 분식집에 떡볶이와 김밥이 살았다.

하루는 김밥과 떡볶이가 달리기 대회를 열었다. 날씬한 떡볶이가 뚱뚱한 김밥을 가볍게 제치고 앞서 달려 나갔다.

그러자 김밥은 내용물을 분리해서 달리기 시작했다.

고사리 · 햄 · 밥 · 맛살 · 고기 · 당근 · 단무지 등 모두 열심히 뛰는데 유일하게 김만 느릿느릿 여유를 부렸다.

"김! 빨리 좀 뛰어!"

보다 못한 고사리와 당근이 재촉하자 김이 대수롭지 않다는 듯 말했다.

"안 돼, 이 상놈들아. 나는 양반김이여!"

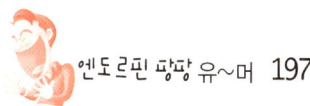

대체 무슨 병이기에

어떤 남자가 병에 걸렸다.
병원과 집이 너무 멀어서 부인은 의사를 집으로 오게 해 남편의 병을 치료하였다.
의사가 집에 오자마자 문을 잠그더니 치료에 들어갔다.
의사가 문 밖에 서 있는 부인에게 말했다.
"칼 있으면 좀 주십시오."
곧 부인은 의사에게 칼을 갖다 주었다.
잠시 후 의사가 또 나와 부인에게 부탁했다.
"펜치 좀 갖다 주시죠."
부인은 얼른 의사에게 펜치를 갖다 주었다.
공구를 자꾸 달라고 하자 초조해진 부인은 마음을 졸이며 안절부절못하고 있었다.

그때 의사가 또다시 나와서 부인에게 묻는 것이었다.
"혹시 전기톱 있습니까?"
드디어 부인이 울음을 터뜨리면서 물었다.
"도대체 남편의 병명이 뭐지요? 무슨 병이기에 이러십니까?"
그러자 의사가 머리를 긁적거리며 대답했다.
"아, 저… 죄송합니다. 진료 가방이 안 열려서…."

아들의 이해력

엄마가 어린 아들과 사진을 보고 있었다.
그 사진은 배가 불러 있던 엄마와 큰아들이 함께 찍은 사진이었다.
어린 아들이 엄마에 물었다
"엄마! 나는 어디 있어?"
엄마는 손가락으로 사진을 가리키며 말했다
"응, 너는 엄마 뱃속에 있어."
아들은 이해할 수 없다는 듯 고개를 갸우뚱하며 물었다.
"…엄마! 왜 나 먹었어?"

집에 갈 시간

한 남자가 술집에 들어와서 맥주 한 잔을 시켰다. 술이 나오자 그는 술을 마시면서 셔츠 주머니 안을 들여다보았다.

남자는 한 잔을 다 마시고 또 한잔을 시켰다.

그리고 아까와 마찬가지로 계속 주머니 안을 들여다보면서 술을 마셨다. 남자가 술을 또 시키자 술집 주인이 궁금해서 물었다.

"근데 왜 자꾸 주머니를 들여다보는 거요?"

그러자 남자가 대답했다.

"주머니 안에 마누라 사진이 있는데, 마누라가 예뻐 보이기 시작하면 집에 갈 시간이거든요."

사투리와 영어

부산에 사는 한 할머니가 버스를 타려고 기다리고 있는데 바로 옆에서 외국인도 버스를 기다리고 있었다. 조금 있으니 저 쪽 모퉁이를 돌아서 버스가 오자 할머니가 말했다

"왔데이!"

옆에 있던 외국인이 듣고, '오늘이 무슨 날인가 (What day?)'고 묻는 줄 알고 마침 월요일이라 "먼데이."라고 대답했다.

할머니는 뭐가 오는지 묻는 줄 알고 "버스데이."라고 하자, 외국인은 오늘이 할머니 생신인 줄 알고 "해피 버스데이?"라고 물었다. 이에 할머니가 외국인의 말에 손사래를 치며 말했다.

"해피 버스 아니데이. 좌석 버스데이."

안전장치

건망증이 심하고 바보 같은 부부가 일요일 도봉산에 올랐다.

그런데 그때 갑자기 부인이 깜짝 놀라며 남편에게 말했다.

"어머, 여보 어떡하죠? 내 정신 좀 봐. 다림질하다가 전기 코드를 그냥 꽂아 두고 왔네. 집에 불이 나면 어떡하지?"

그러자 남편이 아주 여유롭게 씩 웃으며 말했다.

"걱정 마. 나도 세수하고 나서 수도 꼭지를 안 잠갔어."

지뢰

 한 여기자가 여자는 무조건 남자의 뒤를 따라다녀야 했던 쿠웨이트를 걸프전 이후 다시 취재하게 되었다.
 하지만 이번에는 남자가 여자의 뒤를 졸졸 따르는 것이다.
 기자는 한 여자에게 다가가 물었다.
 "전쟁 이후 여성의 지위에 큰 변화가 생긴 것 같아 보기 좋군요. 도대체 저 잘난 남자들을 뒤로 물러서게 만든 게 무엇이죠?"
 쿠웨이트 여자는 덤덤히 답했다.
 "지뢰."

사람 살려!

한 스쿠버 다이버가 세계 기록을 세우기 위해 보호 장치를 설치한 뒤 수심 1,000m 아래로 내려가고 있었다.

그런데 그가 거기서 본 것은 충격적이었다!

자기 옆에 아무 보호 장비도 갖추지 않은 한 사람이 수영하며 내려오는 것이었다.

그러나 그도 질 수 없다.

더욱더 아래로 내려갔다.

여기는 수심 1,500m.

'세계 신기록이다!' 라고 생각한 순간, 옆에서 그 사람이 함께 오고 있는 게 아닌가?

그러자 깜짝 놀란 나머지 수중 칠판에 이렇게 적었다

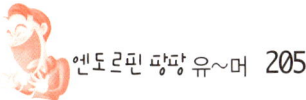

'당신은 어떻게 아무런 장비 없이 여기까지 내려올 수 있소?'
 그러자 그가 기다렸다는 듯이 수중 칠판을 집어 들어 적은 것은….
 '사람 살려!'

확실한 장소

미용실에서 두 여자가 대화를 나누고 있었다.
한 여자가 말했다.
"우리 남편은 참 미스터리야. 도대체 밤만 되면 어딜 나가는지 모르겠어."
"무슨 말인지 알겠다. 금방 보이다가도 눈 깜짝하면 없어지지?"
서로 남편 흉을 보고 있는데 옆에 앉아 있던 다른 여자가 말했다.
"저는 남편이 어디 있는지 언제든 알 수 있어요."
그러자 여자들이 눈을 반짝이며 물었다.
"어떻게 그럴 수가 있죠?"
"아주 쉽죠. 전 미망인이거든요."

향수병

오랫동안 집을 떠나 타지에서 근무를 하던 남자가 아내가 그리워졌다.

어느 날 저녁, 남자는 근처 홍등가를 찾아 주인 여자에게 10만 원을 쥐어 주며 말했다.

"이 업소에서 제일 못생긴 아가씨 한 명만 부탁해요."

그러자 주인 여자는 의아해하며 말했다.

"손님, 이 돈이면 제일 예쁜 아가씨를 부를 수 있는데요?"

남자가 대답했다.

"아줌마, 난 지금 아가씨가 필요한 것이 아니라, 마누라가 그리워졌단 말이에요."

전공 불문

 멀구와 맹구가 졸업을 앞두고 학교 게시판에 붙은 취업 안내 공고를 열심히 살펴보고 있었다.
 많은 회사가 '전공 불문'이었다.
 그러자 멀구가 한숨을 내쉬며 이렇게 말했다.
 "에이, 이럴 줄 알았으면 불문과에 가는 건데."

막장 가족

아버지가 운전을 하며 어디론가 가고 있었다.
가족 네 명이 타고 있었는데 신호 위반으로 경찰에게 단속을 받았다.
"수고하십니다, 선생님께서는 신호 위반을 하셨습니다. 면허증을 제시해 주십시오."
경찰의 말에 남편이 말했다.
"한번 봐 주십시오. 낮에 술을 좀 했더니…."
"네? 음주 운전이요?"
그러자 옆에 앉아 있던 아내가 한마디 거드는 것이었다.
"아저씨, 한번만 봐 주세요. 우리 남편이 아직 면허증이 없어서요…."
"아니 무면허까지요?"

그러자 뒤에 앉아 있던 아들과 할머니가 한마디씩 투덜거린다.
"으이그… 그것 봐요. 훔친 차는 얼마 못 간댔잖아요…."
"내가 뭐랬어! 아까 은행을 털 때부터 알아봤다니까."

팔푼이 남편

"여보, 오늘도 강도에게 돈을 다 빼앗겼소."
행상을 나갔다 돌아온 남편이 번 돈을 강도에게 몽땅 털리고 빈손으로 들어왔다.
"그럼 내일부터는 당신도 권총을 갖고 가세요."
"무슨 소리야, 그놈들에게 권총까지 뺏길 건 없잖아!?"

아무 거나 눌러도

우연히 남한 사람과 북한 사람이 비행기 옆자리에 앉게 되었다.

남한 사람은 뭐가 그리 궁금한지 북한 사람을 쳐다보며 이런저런 말을 붙이고 있었다.

"안녕하시오, 우리나라는 위급한 상황에 전화기를 들고 119를 누르면 경찰이나 소방서로 연결된다오. 그쪽은 어떤 번호를 누르나요?"

그러자 북한 사람이 비웃으며 대답했다.

"그런 거이 절대 필요 없수다래. 우린 아무 거나 눌러도 당에서 다 듣고 있습메다."

십일조 100%

어떤 사람이 목사님에게 물었다.
"목사님 교회의 성도는 몇 명이나 됩니까?"
"교회 성도는 150명입니다."
그 사람은 또다시 질문을 했다.
"교회 성도들 중 십일조는 몇 명이나 냅니까?"
"우리 교회는 150명 모두 십일조를 드립니다."
그 사람은 이상해서 다시 물었다.
"아니, 정말 150명 모두가 다 십일조 생활을 합니까?"
목사님은 웃으며 말했다.
"150명 중에 50명은 교회에 십일조 헌금을 드리고, 나머지 100명은 하나님이 직접 거두어 가십니다."

재치 있는 대답

어느 면접관이 점심 식사 후의 한 면접 시험에서 얼굴이 말처럼 긴 응시자에게 이런 질문을 하였다.

"여보게, 자네는 얼굴이 필요 이상으로 무척 길구먼. 혹시 자네는 머저리와 바보가 어떻게 다른지 아나?"

그는 이 말을 들은 청년이 얼굴을 붉히고 화를 낼 줄 알았다.

그러나 청년은 태연하게 대답했다.

"네! 결례되는 질문을 하는 쪽이 머저리이고, 그런 말에 대답을 하는 쪽이 바보입니다."

이 재치 있는 대답을 한 청년은 합격이 되었다.

스물아홉이세요?

나이 든 사람들은 젊어 보인다는 말을 아주 좋아한다.
한 중년 부인이 미장원에 갔다.
여종업원이 중년 부인에게 이렇게 말했다.
"아유, 아주머니. 어쩌면 이렇게 젊어 보이세요? 스물아홉이세요?"
이 말을 들은 중년 부인은 신이 나서 팁까지 주며 말했다.
"참 아가씨는 친절하고 상냥하네요!"
그러자 여종업원은 씩 웃으며 말했다.
"저희 집은 손님들에게 무엇이나 40% 할인해 주거든요."

진짜 기적

기적을 일으키는 신기한 도술을 부릴 수 있다는 노승이 말했다.
"여보게, 자네 아내가 벙어리인데, 어느 날 갑자기 말을 할 수가 있다면 그것은 정말 위대한 기적이 아니겠나?"
"아닙니다, 도사님! 그런 것은 믿지 않습니다. 다만 수다쟁이 집사람이 갑자기 벙어리가 된다면 그것이야말로 진짜 기적이지요!"

아내의 가치

어떤 손님이 예쁜 카드 한 장을 들고 카운터에 와서 지갑을 꺼냈다.
종업원이 말했다.
"1,000원입니다."
"뭐요? 1,000원이나 한다고요?"
화가 난 듯 그 손님은 언성을 높이더니, 지갑을 주머니에 다시 집어넣고 가게 밖으로 성큼성큼 걸어 나갔다.
종업원이 그 카드를 다시 진열대로 가져가면서 보니, 그 카드에는 이런 말이 적혀 있었다.
'사랑하는 아내에게……
당신은 나에게 천만금보다 더 가치 있는 사람이라오!'

주례 사례비

어떤 구두쇠 총각이 결혼을 하게 되었다.
그러나 구두쇠로 소문이 자자해 아무도 선뜻 주례를 서 줄 사람이 없었다. 그래서 그 총각은 고민 끝에 어느 교회의 목사를 찾아갔다.
"목사님, 제가 결혼을 하는데 주례 좀 서 주시겠습니까?"
"음…, 사정이 그러하다니 내가 결혼 주례를 서 주겠네."
구두쇠 총각은 목사에게 사례비를 드려야 하는데 얼마를 드려야 할지 고민을 하다가 물었다.
"저… 사례비는 어느 정도 드리면 되겠습니까?"
목사는 자신의 체면도 있고 해서 얼마라고 말은 못하고 머뭇거리다가 좋은 생각이 떠올랐다.

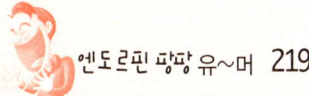

"허허, 결혼하는 신부가 자네한테 이쁜 만큼만 주면 되겠네."

구두쇠 총각의 얼굴이 밝아지며 1,000원을 꺼내 목사에게 주며 말했다.

"그럼… 여기 있습니다."

"음, 알겠네."

목사는 체면 때문에 차마 말은 못하고 떨떠름한 표정으로 대답했다.

결혼식 날, 목사는 식을 마치고 신혼 여행을 떠나려는 구두쇠 총각을 불렀다.

그리고 주머니에서 잔돈을 꺼내 내밀었다.

"여기 가지고 가게나, 잔돈 900원!"

백수의 꿈과 현실

하루 종일 거리를 헤매던 백수가 지하철을 탔다. 전철 안의 햄버거 광고가 눈에 들어왔다. 백수는 주린 배를 움켜쥐고 마음 속으로 기도했다.

"신이시여, 저에게 햄버거를 내려 주십시오."

무심코 바지 주머니에 손을 넣은 백수는 깜짝 놀랐다. 천 원짜리 지폐 한 장이 쥐어졌기 때문이다.

그러자 욕심이 생긴 백수는 다시 기도를 드렸다.

"신이시여! 저에게 불고기를 내려 주십시오."

백수는 얼른 주머니에 손을 넣어 보았다. 그랬더니 만 원짜리 지폐가 한 움큼 손 안에 들어왔다.

기적! 기적이 눈앞에서 일어난 것이다.

그 순간 누군가의 커다란 음성이 메아리쳤다.

"소매치기 잡았다!

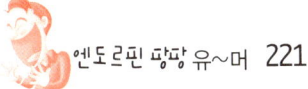

이상한 약속

선생님이 멀구를 꾸짖으며 말했다.
"멀구야, 너 얌전하게 장난 안 치기로 약속했어, 안 했어?"
"했어요."
"그럼 장난치면 혼나기로 한 것도 알겠지?"
그러자 멀구가 씩 미소를 지으며 말했다.
"제가 약속을 안 지켰으니까, 선생님도 약속 지킬 필요 없어요. 제가 봐 드리죠."

엔도르핀 팡팡 유머

펴낸이/이홍식
발행처/도서출판 지식서관
등록/1990.11.21 제96호
주소/경기도 고양시 덕양구 벽제동 564-4 우412-510
전화/031)969-9311(대)
팩시밀리/031)969-9313
e-mail/jisiksa@hanmail.net

초판 1쇄 발행일 / 2009년 3월 20일
초판 5쇄 발행일 / 2017년 1월 25일